BESTACTIVITYBOOKS.COM

PREMIERE ÉDITION

Dépôt légal, 2022

Illustration Graphique Extra: www.freepik.com
Merci à Alekksall, Starline, Pch.vector, Rawpixel.com, Vectorpocket, Dgim-studio, Upklyak, Macrovector, Stockgiu, Pikisuperstar & Freepik.com Designers

5 ASTUCES POUR DÉMARRER !

1) COMMENT RÉSOUDRE LES MOTS MÊLÉS

Les puzzles sont dans un format classique :

- Les mots sont cachés sans espaces, tirets, ...
- Orientation : Les mots peuvent être écrits en avant, en arrière, vers le haut, vers le bas ou en diagonale (ils peuvent être inversés).
- Les mots peuvent se chevaucher ou se croiser.

2) UN APPRENTISSAGE ACTIF

Un espace est prévu à côté de chaque mots pour noter la traduction. Pour favoriser un apprentissage actif un **DICTIONNAIRE** à la fin de cette édition vous permettra de vérifier et étendre vos connaissances. Cherchez et notez les traductions, trouvez-les dans le Puzzle et ajoutez-les à votre vocabulaire !

3) MARQUEZ LES MOTS

Vous pouvez inventer votre propre système de marquage. Peut-être en utilisez-vous déjà un ? Sinon, vous pourriez, par exemple, marquer les mots qui ont été difficiles à trouver d'une croix, ceux que vous avez aimés d'une étoile, les mots nouveaux d'un triangle, les mots rares d'un diamant, etc...

4) STRUCTUREZ VOTRE APPRENTISSAGE

Cette édition vous offre un **CARNET DE NOTES** très pratique à la fin du livre. En vacances ou en voyage ou à la maison, vous pouvez facilement organiser vos nouvelles connaissances sans avoir besoin d'un second bloc-notes !

5) VOUS AVEZ FINI TOUTES LES GRILLES ?

Allez à la section bonus **CHALLENGE FINAL** pour trouver un jeu gratuit à la fin de cette édition !

Simple et Rapide ! Découvrez notre collection de livres d'activités pour votre prochain moment de détente et **d'apprentissage**, à juste un clic de distance !

Trouvez votre prochain défi sur :

BestActivityBooks.com/MonProchainLivre

À vos marques, prêts... Partez !

Saviez-vous qu'il existe environ 7 000 langues différentes dans le monde ? Les mots sont précieux.

Nous aimons les langues et avons travaillé dur pour créer les livres de la plus haute qualité pour vous. Nos ingrédients ?

Une sélection des thématiques d'apprentissage adaptée, trois belles parts de divertissement, puis nous ajoutons une cuillère de mots difficiles et une pincée de mots rares. Nous les servons avec soin et un maximum de plaisir pour vous permettre de résoudre les meilleurs jeux de mots mêlés qui soient et d'apprendre en vous amusant !

Votre avis est essentiel. Vous pouvez participer activement au succès de ce livre en nous laissant un commentaire. Nous aimerions vraiment savoir ce que vous avez préféré dans cette édition !

Voici un lien rapide qui vous mènera à la page d'évaluation de vos commandes :

BestBooksActivity.com/Avis50

Merci pour votre aide et amusez-vous bien !

De la part de toute l'équipe

1 - Adjectifs #2

Й	Ґ	К	Ь	Ь	Й	И	В	О	С	И	П	О	С	Д
И	Й	И	Т	С	И	Ч	Е	З	С	Д	М	С	У	Р
Ч	О	Й	Е	Ч	Н	К	Л	Д	О	Т	М	И	Х	А
Р	Ш	И	Ш	Ю	В	Н	Е	О	Л	Ю	Я	Л	И	М
О	И	М	Б	Н	И	М	Г	Р	О	У	Б	Ь	Й	А
В	Б	О	Ґ	М	Т	Г	А	О	Н	Л	Ю	Н	Г	Т
Т	М	Д	Ф	Н	К	Щ	Н	В	И	Щ	Ю	И	П	И
Г	С	І	А	Ж	У	Р	Т	И	Й	Е	Ч	Й	Р	Ч
І	О	В	Г	Р	Д	Ч	Н	Й	И	В	О	Н	И	Н
Т	І	Р	П	П	О	Й	И	В	А	К	І	Ц	Р	І
Н	Т	Ю	Д	С	Р	В	Й	И	Н	Ж	У	Т	О	П
Л	В	Ю	В	И	П	И	А	Б	Н	В	Щ	Ц	Д	Б
Д	И	К	И	Й	Й	И	Н	Н	О	С	Г	Є	Н	Р
С	П	Р	А	В	Ж	Н	І	М	И	Ь	Ю	У	И	Ґ
Ґ	Ж	В	С	Ф	Ь	Є	Є	Е	Є	Й	Щ	Д	Й	Є

СПРАВЖНІМ
ВІДОМИЙ
ТВОРЧИЙ
ОПИСОВИЙ
ОБДАРОВАНИЙ
ДРАМАТИЧНІ
ЕЛЕГАНТНИЙ
ГОРДИЙ
СИЛЬНИЙ
ЦІКАВИЙ
ПРИРОДНИЙ
НОВИЙ
ПРОДУКТИВНИЙ
ПОТУЖНИЙ
ЧИСТИЙ
ЗДОРОВИЙ
СОЛОНИЙ
ДИКИЙ
СУХИЙ
СОННИЙ

2 - Formes

П	С	П	О	Л	Д	Ц	Е	Щ	Я	И	У	С	Д	О
Р	Ф	У	М	У	І	Ґ	Ю	О	В	Щ	Ш	Ь	У	В
И	Е	Н	Р	Р	Д	Н	І	Л	И	Ц	Т	К	Г	А
З	Р	Ф	Ц	У	Л	П	І	М	Б	У	К	Є	А	Л
М	А	Ж	Ж	Р	П	І	Ш	Я	А	Щ	П	Ж	Щ	Ь
А	В	И	Р	К	Ч	Р	Л	Г	Г	Ю	Ґ	Б	О	Н
Р	Л	Т	Д	Б	Ж	А	Ш	Г	А	О	К	М	Л	И
П	П	О	Ц	І	Є	М	М	Ю	Т	У	Ч	У	П	Й
Т	Щ	Н	Б	К	Ч	І	М	Ч	О	Л	О	К	Т	И
Ж	М	Е	Ч	Р	С	Д	Ю	Ь	К	И	У	Р	А	Л
Е	Л	І	П	С	Е	А	В	С	У	Н	О	К	Ч	Г
И	А	Ч	Р	Щ	К	П	Ц	А	Т	Я	Ж	Ю	Б	У
В	Н	Ґ	Ж	А	И	Н	І	Т	Н	В	М	Ш	Б	Р
Х	Н	Ж	С	Х	В	І	Р	Г	И	У	Щ	Н	М	К
Г	А	Т	Ц	К	И	Н	Т	У	К	О	М	Я	Р	П

ДУГА
ПЛОЩА
КОЛО
КУТ
КРИВА
КОНУС
БІК
КУБ
ЦИЛІНДР
ЕЛІПС
ГІПЕРБОЛА
ЛІНІЯ
ОВАЛЬНИЙ
БАГАТОКУТНИК
ПРИЗМА
ПІРАМІДА
ПРЯМОКУТНИК
КРУГЛИЙ
СФЕРА

3 - Force et Gravité

Ж	Я	К	І	Д	А	Ф	М	Ю	М	О	В	В	М	Р
Б	Т	Щ	Б	В	И	Л	П	В	Л	С	Н	І	Е	О
Ж	Т	Р	О	Ц	Н	Н	Ч	Д	Є	Є	Т	Д	Х	З
О	И	П	Я	М	Е	Б	А	Г	А	В	Е	С	А	Ш
Г	Р	Д	Ч	А	С	Н	Щ	М	Х	Щ	Р	Т	Н	И
Ф	К	Б	Ч	Ч	К	С	Т	Б	І	Ч	Т	А	І	Р
К	Д	М	І	Т	Ґ	Ь	Е	Р	И	Ч	Я	Н	К	Е
Х	І	К	Н	Т	Х	М	Н	Ш	І	К	Н	Ь	А	Н
Ф	В	М	Х	П	А	Л	А	Л	Ш	Ґ	Н	И	Щ	Н
І	О	Ш	Ю	Д	Ч	К	Л	П	Ж	Ш	Х	Ч	Й	Я
З	Ж	А	Ф	Є	Ф	Х	П	Т	Т	И	С	К	І	П
И	Й	И	Н	Ь	Л	А	С	Р	Е	В	І	Н	У	И
К	В	Т	Ф	В	Р	Щ	Р	У	В	І	С	Ь	Ь	Я
А	Є	Х	Л	Г	О	Е	П	Х	Ц	І	Ґ	Ч	Ґ	В
Х	Т	Г	В	Л	А	С	Т	И	В	О	С	Т	І	Х

ВІСЬ
ЦЕНТР
ВІДКРИТТЯ
ВІДСТАНЬ
ДИНАМІЧНИЙ
РОЗШИРЕННЯ
ТЕРТЯ
ВПЛИВ
МЕХАНІКА
РУХ
ОРБІТА
ФІЗИКА
ПЛАНЕТ
ВАГА
ТИСК
ВЛАСТИВОСТІ
ЧАС
УНІВЕРСАЛЬНИЙ

4 - Adjectifs #1

Ж	Е	А	Б	С	О	Л	Ю	Т	Н	И	Й	Н	Х	Т
П	К	Й	И	Н	Ч	И	Т	А	М	О	Р	А	У	О
Р	З	Е	А	Е	Є	Ц	Л	П	Й	Щ	Х	Х	Д	Н
И	О	Ґ	И	В	О	Б	Ч	Х	И	П	Ч	С	О	К
В	Т	Й	Й	И	Н	Ч	И	Т	Н	Е	Д	І	Ж	И
А	И	И	И	Н	Ж	Ь	К	Ч	З	Д	Ґ	Ю	Н	Й
Б	Ч	Р	В	Н	П	С	Є	П	Е	О	Й	Ю	І	С
Л	Н	Д	И	И	Р	І	М	О	Ч	С	И	И	Й	У
И	І	Е	Л	Й	Д	А	В	В	И	А	Н	Ч	Ч	Ч
В	І	Щ	Ж	Ц	Ц	Ф	Г	І	Л	М	Ь	И	Ц	А
И	С	О	А	Ж	Д	А	У	Л	Е	Б	Л	Щ	Й	С
Й	И	Н	В	И	Т	К	А	Ь	В	І	А	У	О	Н
М	О	Л	О	Д	И	Й	А	Н	Ф	Т	Е	Ж	У	И
В	А	Ж	К	И	Й	Ж	Е	И	А	Н	Д	Ь	Л	Й
Ж	Р	Е	Я	Ч	О	Д	О	Й	Є	І	І	Д	І	Е

АБСОЛЮТНИЙ
АКТИВНИЙ
АМБІТНІ
АРОМАТИЧНИЙ
ХУДОЖНІЙ
ПРИВАБЛИВИЙ
ГАРНИЙ
ЕКЗОТИЧНІ
ВЕЛИЧЕЗНИЙ
ЩЕДРИЙ
ЧЕСНИЙ
ІДЕНТИЧНИЙ
ВАЖЛИВИЙ
НЕВИННИЙ
МОЛОДИЙ
ПОВІЛЬНИЙ
ВАЖКИЙ
ТОНКИЙ
СУЧАСНИЙ
ІДЕАЛЬНИЙ

5 - Instruments de Musique

Х	У	Л	Ф	Й	Г	Ь	О	П	У	Р	Г	У	Ш	Ж
П	Є	А	Л	О	Х	І	А	Ш	Ґ	Л	Ч	П	В	Н
Р	М	І	Ц	Б	Р	Ф	Т	О	Г	А	Ф	Ж	Ь	П
Д	Б	Д	Ш	О	Ц	Т	Й	А	Щ	Е	Л	Ч	В	Д
А	Р	Ф	А	Г	П	Ж	Е	Е	Р	Н	У	О	І	Х
С	К	Р	И	П	К	А	Л	П	Ю	А	Д	А	О	П
Т	Г	Г	О	Н	Г	Ю	Ф	Т	І	Б	А	Н	Л	Р
Л	А	Д	Т	Р	О	М	Б	О	Н	А	Р	І	О	Т
Р	Р	К	Л	А	Р	Н	Е	Т	О	Р	Н	Л	Н	Р
І	М	Є	Ш	Т	Е	Н	В	Ц	Б	А	И	О	Ч	У
Е	О	Ж	Д	Н	А	Б	Х	Ф	У	Б	Є	Д	Е	Б
Ф	Н	Б	Ж	П	Ж	Е	Ч	Д	Б	Ф	Ж	Н	Л	А
Х	І	С	А	К	С	О	Ф	О	Н	Ц	Е	А	Ь	Ь
И	К	Л	І	М	О	Г	И	Л	Ж	Є	Ж	М	Б	И
О	А	О	К	І	Ф	В	М	Ж	Е	Д	Ю	Я	Х	Б

БАНДЖО
ФАГОТ
КЛАРНЕТ
ФЛЕЙТА
ГОНГ
ГІТАРА
ГАРМОНІКА
АРФА
ГОБОЙ
МАНДОЛІНА

УДАР
ФОРТЕПІАНО
ГОМІЛКИ
САКСОФОН
БАРАБАН
БУБОН
ТРОМБОН
ТРУБА
СКРИПКА
ВІОЛОНЧЕЛЬ

6 - Herboristerie

С	Щ	Ф	А	Т	Ф	И	Є	Ш	Ч	К	Н	Р	Ж	Н
А	Д	Д	Е	С	С	Щ	Д	А	А	Т	Я	М	І	П
Д	Д	Ґ	М	Н	О	Х	Р	Ф	С	Ш	О	Ю	В	І
О	Х	Ґ	Ц	Ґ	Х	С	А	Р	Н	А	Б	Щ	К	У
І	В	Ґ	Т	Ь	М	Е	Ц	А	И	Ш	С	Я	Є	Є
О	Н	И	Н	Ш	Б	Х	Л	Н	К	П	Е	Х	Е	Ц
Ц	П	Г	Г	К	Е	І	А	Ь	Л	И	С	А	В	К
С	Д	Р	Р	І	И	Н	И	Р	А	М	З	О	Р	В
Р	Г	У	К	Е	Д	П	П	У	В	Л	Ь	Ь	Є	І
Ц	Б	Ь	У	С	Д	Н	О	Г	А	Р	Т	С	Е	Т
Ф	Ч	П	М	Я	Ь	І	И	Ю	Н	В	С	Ф	Н	К
М	А	Й	О	Р	А	Н	Є	Й	Д	Б	І	Ґ	Ч	А
А	Р	О	М	А	Т	Е	І	Н	А	Р	К	Н	О	М
Ч	Е	Б	Р	Е	Ц	Ь	Р	Н	Т	А	Я	Г	С	А
А	Р	О	М	А	Т	И	Ч	Н	И	Й	В	С	Ш	П

ЧАСНИК
АРОМАТИЧНИЙ
ВАСИЛЬ
ВИГІДНИЙ
ЕСТРАГОН
ФЕНХЕЛЬ
КВІТКА
ІНГРЕДІЄНТ
САД
ЛАВАНДА
МАЙОРАН
М'ЯТА
ЯКІСТЬ
РОЗМАРИН
ШАФРАН
АРОМАТ
ЧЕБРЕЦЬ

7 - Photographie

М	М	С	А	В	И	Т	К	Е	П	С	Р	Е	П	К
Ж	В	Я	О	Й	И	Н	Ь	Л	А	У	З	І	В	А
Ф	О	Р	М	А	Т	З	Ц	И	Д	Ц	Щ	О	Д	М
П	Р	Е	Д	М	Е	Т	Н	У	Щ	Т	Х	Б	П	Е
І	О	Ж	А	Р	Д	А	Д	А	Л	К	С	Є	Л	Р
А	Е	М	И	У	Т	В	Д	Ч	Ч	Т	Ч	К	А	А
О	С	В	І	Т	Л	Е	Н	Н	Я	Е	С	Т	А	К
О	Ь	Т	Т	Т	І	Н	І	Е	У	Р	Н	И	У	В
Ж	Н	С	Б	Е	В	И	Д	С	Н	Т	Ш	Н	А	А
Ь	Ж	А	Б	Ж	М	Є	Н	Г	И	Р	О	К	Я	Т
Ч	О	Р	Н	И	Й	Р	Н	Ґ	Е	О	Т	К	Ґ	С
Є	Л	Т	І	Ф	О	Ж	Я	Р	Р	П	Б	Ф	Ж	И
К	Б	Н	Є	Л	Ж	Л	Ь	В	Ж	С	Л	Ф	Г	В
Є	Є	О	Е	Ч	О	Є	Д	Ж	А	Р	А	М	К	А
Ь	У	К	Т	А	О	К	Т	Е	К	С	Т	У	Р	А

РАМКА
КАМЕРА
СКЛАД
КОНТРАСТ
КОЛІР
ВИЗНАЧЕННЯ
ВИСТАВКА
ОСВІТЛЕННЯ
ФОРМАТ
ЧОРНИЙ
ОБ'ЄКТ
ТЕМРЯВА
ТІНІ
ПЕРСПЕКТИВА
ПОРТРЕТ
ПРЕДМЕТ
ТЕКСТУРА
ВІЗУАЛЬНИЙ
ВИД

8 - Véhicules

С	М	Ф	А	В	Т	О	М	О	Б	І	Л	Ь	Ь	Ь
И	О	Е	Г	Ь	Т	Т	Є	Р	Ч	Е	Є	Ц	У	Г
Ю	Ю	У	Т	А	К	В	І	Ж	А	Т	Н	А	В	Д
Щ	У	Ж	Ж	Р	Е	Т	У	К	С	К	Д	І	И	Ф
П	Ю	С	У	Б	О	Т	В	А	С	И	Е	А	М	Я
Ь	Г	А	Ґ	Г	Ц	Ч	Д	Ь	Д	Н	В	Т	А	Т
Т	Є	Ч	Г	Ч	О	А	П	К	Ж	В	Т	Я	А	Т
Р	Т	К	Ц	О	Б	Ж	П	О	Х	О	Ц	У	Е	Щ
А	А	Х	П	В	Е	Щ	Ф	Е	Р	Ч	С	Н	Щ	Б
К	К	Ж	Т	Е	И	Ф	Т	І	Л	О	Т	Р	Е	В
Т	С	О	Ґ	Н	У	Г	И	В	Д	Ґ	М	Л	У	С
О	І	Р	Х	П	Л	І	Т	Ф	У	Р	Г	О	Н	Ш
Р	В	Е	Л	О	С	И	П	Е	Д	З	Ї	О	П	И
Я	К	А	Р	А	В	А	Н	Ь	Н	Р	Ч	В	Г	Н
Ь	О	К	Е	Ц	Г	И	А	Л	І	Т	А	К	Р	И

ЛІТАК
ЧОВЕН
АВТОБУС
ВАНТАЖІВКА
КАРАВАН
ПОРОМ
РАКЕТА
ВЕРТОЛІТ
МЕТРО
ДВИГУН
ЧОВНИК
ШИНИ
ПЛІТ
СКУТЕР
ТАКСІ
ТРАКТОР
ПОЇЗД
ФУРГОН
ВЕЛОСИПЕД
АВТОМОБІЛЬ

9 - Camping

П	Ш	Ь	Г	Е	Ц	О	Ь	Р	У	К	А	М	А	Г
О	Р	К	О	Г	Ю	С	И	И	Е	О	Н	А	К	Ь
Л	Р	У	Р	Д	О	Б	Ч	Ц	С	М	Ч	М	О	У
Ю	Т	Е	А	Ш	Х	Е	Я	Д	М	А	Ф	О	Б	О
В	П	Л	З	Є	Ц	Щ	А	С	Я	Х	Х	Т	Л	Т
А	Л	Ю	Г	О	Н	А	М	Е	Т	А	Л	У	А	О
Н	К	А	Р	Т	А	Н	І	Б	А	К	Е	З	Д	І
Н	П	Д	Д	Д	Ф	Ц	И	Н	Щ	Ц	Ч	К	Н	М
Я	Р	О	М	А	О	Г	П	Р	К	І	Щ	А	А	І
Б	И	Р	Ь	Р	Л	І	Х	Т	А	Р	С	С	Н	С
Я	Г	И	К	А	П	Е	Л	Ю	Х	В	Л	П	Н	Я
Ю	О	Р	В	О	Г	О	Н	Ь	В	Щ	Т	Ш	Я	Ц
Ґ	Д	П	Х	И	С	Д	Д	К	О	М	П	А	С	Ь
Д	А	М	Ґ	Л	С	Н	Г	У	Б	Д	О	Ш	І	А
Ґ	Я	Ф	Ч	Щ	Н	Я	Х	Є	Є	Г	Ф	Ц	Л	Ґ

ТВАРИН
ПРИГОДА
КОМПАС
КАБІНА
КАНОЕ
КАРТА
КАПЕЛЮХ
ПОЛЮВАННЯ
МОТУЗКА
ОБЛАДНАННЯ
ВОГОНЬ
ЛІС
ГАМАК
КОМАХА
ОЗЕРО
ЛІХТАР
МІСЯЦЬ
ГОРА
ПРИРОДА
НАМЕТ

10 - Géométrie

К	Л	Ґ	М	И	В	В	У	Б	Щ	В	Я	Н	Ф	І
Ж	Л	С	Е	К	Ґ	И	О	Б	П	У	И	Д	Б	Я
Л	О	Г	І	К	А	С	К	Щ	Щ	Ж	Р	М	Н	Н
О	Л	Л	Я	Щ	И	О	М	И	Х	А	Ц	П	І	Х
Г	С	Ь	О	І	Г	Т	Н	Е	М	Г	Е	С	Х	Р
С	И	Д	Ч	К	Є	А	І	Ь	Н	Н	Я	Щ	Є	Е
И	Ч	Д	П	А	Р	А	Л	Е	Л	Ь	Н	И	Й	В
М	Ж	К	І	Г	Щ	Ю	К	Ш	Ф	Ш	Н	Т	А	О
Е	Ж	У	И	А	Ш	Л	М	Ю	Ш	Р	Я	Е	Ч	П
Т	Р	Т	С	Ь	М	Т	В	А	О	Ю	Н	О	К	Ь
Р	Д	М	А	С	А	Е	Ч	В	К	Д	В	Р	Р	Ь
І	Д	В	Щ	Б	Я	Н	Т	И	Х	О	І	І	Ю	В
Я	Ь	К	О	Н	У	Х	А	Р	З	О	Р	Я	Х	Ь
Т	Р	И	К	У	Т	Н	И	К	Ж	Р	Н	П	Ш	П
У	У	Ф	В	Ю	М	Ґ	Д	М	Е	Д	І	А	Н	А

КУТ
РОЗРАХУНОК
КОЛО
КРИВА
ДІАМЕТР
ВИМІР
РІВНЯННЯ
ВИСОТА
ЛОГІКА
МАСА
МЕДІАНА
ЧИСЛО
ПАРАЛЕЛЬНИЙ
СЕГМЕНТ
ПОВЕРХНЯ
СИМЕТРІЯ
ТЕОРІЯ
ТРИКУТНИК

11 - Philanthropie

Е	В	Д	Ж	Я	Б	М	Г	Ш	П	Г	Ч	А	Ґ	Б
О	Щ	І	П	І	И	Л	І	Р	І	Ь	Б	Ж	М	Л
Ь	Т	С	І	Р	Д	Е	Щ	С	О	Т	Ц	І	Ґ	А
Т	П	Ь	В	О	О	Ф	Ф	Ч	І	М	Щ	Б	И	Г
С	Р	Ю	П	Т	О	Г	С	М	П	Я	А	Ь	С	О
І	О	К	Г	С	В	Й	Р	Ц	І	Л	І	Д	Н	Д
Н	Б	О	Д	І	Т	И	Т	А	Н	Ґ	П	О	А	І
С	Л	Н	І	М	С	Н	І	Г	М	Р	О	Л	Н	Й
Е	Е	Т	Ц	Є	Д	Ь	И	Я	Є	И	Т	О	І	Н
Ч	М	А	И	Д	Ю	Л	Ь	Ь	Ф	П	Р	М	Ф	І
Д	И	К	Т	Я	Л	А	Л	Ґ	Є	У	Е	Р	І	С
Б	В	Т	Ш	Д	Ц	Б	П	Х	Б	Р	Б	Ч	Н	Т
Ю	О	И	О	Ж	Г	О	Ж	К	Ж	Г	А	А	О	Ь
Ц	О	У	К	Т	У	Л	Ж	Ч	Р	Ґ	М	Ь	Т	П
А	Ч	Ь	П	Г	М	Г	И	І	О	Щ	Л	М	М	К

ПОТРЕБА
ЦІЛІ
БЛАГОДІЙНІСТЬ
ГРОМАДА
КОНТАКТИ
ПРОБЛЕМИ
ДІТИ
ФІНАНСИ
КОШТИ
ЛЮДИ

ЩЕДРІСТЬ
ГЛОБАЛЬНИЙ
ГРУПИ
ІСТОРІЯ
ЧЕСНІСТЬ
ЛЮДСТВО
МОЛОДЬ
МІСІЯ
ПРОГРАМИ

12 - Diplomatie

П	І	Н	О	З	Е	М	Н	И	Й	Г	М	П	Г	Г
Щ	О	Ж	В	Ю	Ж	К	Ю	К	С	Р	Т	О	Р	У
Ч	Ю	С	А	Р	Ц	Ш	Ш	Ш	М	О	Х	С	О	М
Г	Н	Ч	О	У	Ю	У	Р	Я	Д	М	Ь	О	М	А
Я	І	Ц	Ю	Л	О	З	Е	Р	Я	А	Ц	Л	А	Н
А	Я	Ц	А	Р	П	В	І	П	С	Д	І	Ь	Д	І
У	Ґ	Я	Г	К	Ц	Ц	Є	Л	Я	Я	Л	С	А	Т
Х	Ч	Ф	Д	У	И	У	Д	Ф	К	Н	І	Т	С	А
Ь	Р	К	Д	Ь	Е	Т	Д	Я	Ь	И	С	В	Є	Р
О	Б	Г	О	В	О	Р	Е	Н	Н	Я	Н	О	Ф	Н
К	О	Н	Ф	Л	І	К	Т	Н	Я	Щ	І	Д	Д	И
К	А	М	П	А	Н	І	Ї	Е	Ю	С	С	К	А	Й
Б	Е	З	П	Е	К	А	И	Ш	С	Ь	Т	Г	Т	Р
П	О	Л	І	Т	И	К	А	І	Щ	И	Ь	Г	О	Х
Д	О	Г	О	В	І	Р	Х	Р	Б	Х	У	А	Ч	Є

ПОСОЛЬСТВО
ПОСОЛ
КАМПАНІЇ
ГРОМАДЯНИ
ГРОМАДА
КОНФЛІКТ
РАДНИК
СПІВПРАЦЯ
ОБГОВОРЕННЯ
ЕТИКА
ІНОЗЕМНИЙ
УРЯД
ГУМАНІТАРНИЙ
ЦІЛІСНІСТЬ
ПОЛІТИКА
РЕЗОЛЮЦІЯ
БЕЗПЕКА
РІШЕННЯ
ДОГОВІР

13 - Électricité

Г	К	І	Л	Ь	К	І	С	Т	Ь	І	В	Е	Т	Щ
Е	Ч	Я	В	К	Л	І	П	Т	О	А	И	Л	Е	Щ
Н	С	Н	Е	И	Ь	И	Т	О	Р	Д	М	Е	Л	Б
Е	Є	Н	Т	Р	Х	Ш	І	Б	Е	М	Р	К	Е	Г
Р	І	А	Є	Т	А	С	Н	Є	З	О	Є	Т	Б	М
А	Ш	Г	У	К	У	Т	Г	К	А	П	Х	Р	А	Г
Т	П	І	Ц	Е	В	С	А	Т	Л	А	Б	И	Ч	Ж
О	Ь	Р	Ґ	Л	А	У	М	Б	К	П	Я	Ч	Е	Я
Р	Б	Е	Ф	Е	Ж	Ц	Ґ	Т	К	М	Ю	Н	Н	Ш
Н	И	Б	Ф	У	Ж	Р	Р	Ж	Е	А	Є	И	Н	Ф
П	О	З	И	Т	И	В	Н	И	Й	Л	Б	Й	Я	Ч
М	Е	Р	Е	Ж	А	И	М	Ю	Ґ	І	Е	Е	К	І
К	Ч	С	Р	О	З	Е	Т	К	А	А	Щ	Ф	Л	Е
О	Б	Л	А	Д	Н	А	Н	Н	Я	В	Ь	Ц	О	Ь
М	Б	Ч	С	Ю	Й	И	Н	В	И	Т	А	Г	Е	Н

МАГНІТ
БАТАРЕЯ
КАБЕЛЬ
ЕЛЕКТРИК
ЕЛЕКТРИЧНИЙ
ОБЛАДНАННЯ
ДРОТИ
ГЕНЕРАТОР
ЛАМПА
ЛАЗЕР
НЕГАТИВНИЙ
ОБ'ЄКТ
ПОЗИТИВНИЙ
РОЗЕТКА
КІЛЬКІСТЬ
МЕРЕЖА
ЗБЕРІГАННЯ
ТЕЛЕФОН
ТЕЛЕБАЧЕННЯ

14 - Astronomie

А	О	Р	Ш	Є	Б	Ш	М	І	С	Я	Ц	Ь	К	Л
Ц	Б	А	І	Ч	Щ	У	Ш	Ц	О	І	С	Д	Ф	Н
З	С	С	В	В	Я	Д	И	И	М	Ц	О	А	Ч	Х
Е	Е	Т	С	Ф	Н	Ї	А	І	С	А	Н	С	С	Е
М	Р	Р	Е	Я	Р	О	Б	Ч	О	І	Я	Т	К	Т
Л	В	О	С	Н	А	Р	Д	Г	К	Д	Ч	Р	Г	У
Я	А	Н	В	Н	К	Е	І	Е	А	А	Н	О	А	М
Р	Т	А	І	Е	Е	Т	В	Ь	Н	Р	И	Н	Л	А
І	О	В	Т	Н	Т	С	Щ	А	Е	Н	Й	О	А	Н
З	Р	Т	Ц	М	А	А	Л	Т	Ш	Є	Я	М	К	Н
У	І	И	Н	Е	Б	О	М	Е	Т	Е	О	Р	Т	І
С	Я	Щ	Ґ	Т	Н	А	Д	Н	О	В	А	У	И	С
Щ	Є	Г	Г	А	И	Д	В	А	Н	С	Ш	С	К	Т
Ш	С	Х	М	З	П	У	Е	Л	Т	Г	Є	С	А	Ь
Д	М	Я	Р	В	Ґ	Х	В	П	К	Ж	Ф	Ю	Л	Е

АСТЕРОЇД
АСТРОНАВТ
АСТРОНОМ
НЕБО
СУЗІР'Я
КОСМОС
ЗАТЕМНЕННЯ
РІВНОДЕННЯ
РАКЕТА
ГАЛАКТИКА
МІСЯЦЬ
МЕТЕОР
ТУМАННІСТЬ
ОБСЕРВАТОРІЯ
ПЛАНЕТА
РАДІАЦІЯ
СОНЯЧНИЙ
НАДНОВА
ЗЕМЛЯ
ВСЕСВІТ

15 - Physique

М	М	А	Г	Н	Е	Т	И	З	М	Ь	Г	Ш	І	У
У	Е	Т	Н	А	Ц	Т	О	Х	Е	Т	Я	В	П	Н
К	Ю	Х	М	А	С	А	Ф	І	Л	С	Д	И	Ґ	І
Г	Ф	Ю	А	У	Щ	Х	Е	М	Е	І	Е	Д	Б	В
Д	Ґ	К	Л	Н	С	О	Ж	І	К	Н	Р	К	Ж	Е
М	Я	М	У	У	І	Ц	І	Ч	Т	С	Н	І	В	Р
У	Щ	Д	К	Г	Ж	К	Ж	Н	Р	О	И	С	Г	С
Г	А	З	Е	И	Г	Х	А	І	О	Н	Й	Т	Щ	А
А	Щ	В	Л	В	Н	Ф	Є	А	Н	Д	Б	Ь	Ш	Л
Т	Б	Ч	О	Д	Щ	І	Л	Ь	Н	І	С	Т	Ь	Ь
Д	У	Щ	М	Щ	Х	О	М	Т	К	В	А	Щ	С	Н
Ч	А	С	Т	О	Т	А	У	М	Ш	Х	Т	У	Х	И
Г	Р	А	В	І	Т	А	Ц	І	Я	С	О	А	Х	Й
П	Р	И	С	К	О	Р	Е	Н	Н	Я	М	Я	Р	Ж
Ч	А	С	Т	И	Н	К	А	Л	У	М	Р	О	Ф	У

ПРИСКОРЕННЯ
АТОМ
ХАОС
ХІМІЧНІ
ЩІЛЬНІСТЬ
ЕЛЕКТРОН
ФОРМУЛА
ЧАСТОТА
ГАЗ
ГРАВІТАЦІЯ
МАГНЕТИЗМ
МАСА
МЕХАНІКА
МОЛЕКУЛА
ДВИГУН
ЯДЕРНИЙ
ЧАСТИНКА
ВІДНОСНІСТЬ
УНІВЕРСАЛЬНИЙ
ШВИДКІСТЬ

16 - Types de Cheveux

Ч	Р	Н	Ц	Ґ	К	О	О	Ж	М	Ь	Ж	Ч	Г	К
Х	О	Ч	Я	И	У	Є	О	Ф	Г	Х	Х	Р	А	У
В	Л	Р	Е	Т	Ч	У	Ь	Б	Ґ	М	Ш	Ц	Щ	Ч
И	Б	Ф	Н	Н	Е	К	О	Р	О	Т	К	И	Й	Е
Л	І	В	А	И	Р	Д	І	Ь	Ч	Л	Ф	У	И	Р
Я	Р	Ґ	Ш	Е	Й	С	Ч	С	К	И	З	Т	Т	Я
С	С	Є	И	Б	Й	С	І	К	Ґ	С	Д	Ш	С	В
Т	Т	О	Н	К	И	Й	С	Р	У	И	О	Д	В	И
И	Ж	Р	Е	М	Ч	Ф	И	С	И	Й	Р	О	О	Й
Й	К	Р	І	Є	У	К	Є	К	Г	Й	О	В	Т	Б
С	У	Х	И	Й	К	О	Ю	Т	Я	І	В	Г	Я	Ю
Б	І	Л	И	Й	С	С	Ц	О	Є	М	И	И	Є	Щ
К	У	Р	Л	Є	И	И	У	Ц	Н	Щ	Й	Й	Т	К
Ь	У	А	Г	Щ	Л	П	Л	Е	Т	Е	Н	И	Й	Ю
П	Ж	Ф	Е	П	Б	Ч	Е	Б	Л	О	Н	Д	И	Н

СРІБЛО
БІЛИЙ
БЛОНДИН
КУЧЕР
БЛИСКУЧИЙ
ЛИСИЙ
КОРОТКИЙ
М'ЯКИЙ
ТОВСТИЙ
КУЧЕРЯВИЙ
СІРИЙ
ДОВГИЙ
ТОНКИЙ
ЧОРНИЙ
ХВИЛЯСТИЙ
ЗДОРОВИЙ
СУХИЙ
КОСИ
ПЛЕТЕНИЙ

17 - Archéologie

Ц	Й	И	Т	У	Б	А	З	Ь	М	Л	У	Є	Х	П
Й	И	М	О	Д	І	В	Е	Н	О	С	И	Я	Р	Р
Н	Н	В	Ь	А	Е	Н	Р	Х	Ю	І	К	Ц	А	О
Ч	П	Р	І	Ф	Р	А	Г	М	Е	Н	Т	И	М	Ф
В	О	Ь	У	Л	М	О	Г	И	Л	А	С	Н	Є	Е
Ц	К	И	Н	Д	І	Л	С	О	Д	Ю	І	М	Т	С
В	И	Р	Р	І	Ч	З	Ґ	Є	И	Т	К	Є	Б	О
Р	В	О	Е	Р	И	Я	А	Ґ	Ь	Т	В	А	А	Р
Е	А	К	Д	А	Щ	А	Н	Ц	У	М	Ц	Т	Н	Г
Л	Д	І	Щ	Ч	М	А	Т	Ц	І	Х	О	Л	А	Є
І	Н	В	О	Ц	І	Н	К	А	Т	Я	Б	Ч	Л	П
К	А	Р	Т	Н	Н	М	Н	Р	Б	Ф	Є	Є	І	Ж
В	М	Ц	К	Ц	Ю	Т	Р	Е	П	С	К	Е	З	Р
І	О	Ц	Ж	І	С	Ь	С	Ч	У	О	Т	Ш	Е	У
Я	К	Г	У	Л	В	Я	О	Ь	О	Ю	Ґ	Я	К	Ц

АНАЛІЗ
РОКІВ
ДОСЛІДНИК
ЦИВІЛІЗАЦІЯ
НАЩАДКА
ЕКСПЕРТ
ЕРА
КОМАНДА
ОЦІНКА
ВИКОПНИЙ
ФРАГМЕНТИ
НЕВІДОМИЙ
ТАЄМНИЦЯ
ОБ'ЄКТ
КІСТКИ
ЗАБУТИЙ
ПРОФЕСОР
РЕЛІКВІЯ
ХРАМ
МОГИЛА

18 - Mammifères

В	Е	Л	В	Н	Д	Г	Г	И	Ґ	К	П	Г	Х	Г
Е	П	Я	Г	І	М	І	Д	П	Г	Ф	К	И	Т	Х
Д	І	Я	М	С	І	А	Н	Я	Г	Х	Н	П	И	Ь
М	К	А	Л	Х	Ж	Я	М	Т	Ц	А	О	Ф	Ш	Б
І	Т	Л	Т	Н	Щ	А	Г	О	Р	И	Л	А	К	О
Д	К	Е	Н	Г	У	Р	У	Й	Г	Ц	С	Р	Р	Х
Ь	Х	Л	І	Ж	Е	Б	Щ	О	И	Е	Я	И	О	Е
Щ	Ф	С	Ф	Ґ	Ґ	Е	Д	К	Т	Ч	Є	Ж	Л	Ь
И	С	Н	Ь	П	Л	З	Е	Я	В	Е	Н	А	И	Ч
В	С	Ґ	Л	Ж	Е	И	И	Є	І	Д	Ц	Г	К	К
О	Щ	И	Е	Ч	Ю	С	И	Л	В	К	І	Ш	К	А
В	И	К	Д	У	Б	Т	К	Е	Ц	Д	П	Г	Е	П
К	Б	У	И	І	И	Ь	Р	Ц	Я	Ж	М	Я	Т	В
В	Я	И	Ґ	А	К	І	Н	Ь	Г	О	Н	Д	Г	А
Г	Б	Н	К	Ц	Д	А	Є	И	Є	В	Х	Ь	Ь	М

КИТ
КІШКА
КІНЬ
ПЕС
КОЙОТ
ДЕЛЬФІН
СЛОН
ЖИРАФ
ГОРИЛА
КЕНГУРУ
КРОЛИК
ЛЕВ
ВОВК
ВІВЦЯ
ВЕДМІДЬ
ЛИСИЦЯ
МАВПА
БИК
ТИГР
ЗЕБРА

19 - Chocolat

К	І	Я	П	Ф	Я	М	Ч	Д	Т	Т	Щ	А	С	Е
Г	О	А	К	А	К	В	С	Ю	Н	Г	Ц	Н	О	Х
Н	І	К	Л	Д	К	Ч	Я	П	Є	А	Ф	Т	Л	Л
Й	І	Р	О	Л	А	К	И	П	І	Й	Е	И	О	Р
С	Г	И	К	С	Ш	Т	Т	Г	Д	И	И	О	Д	Н
Ш	Ч	К	Р	И	С	П	А	Е	Е	Н	У	К	К	Ч
Є	Ґ	Р	О	Р	Й	Е	М	Я	Р	Ч	Л	С	И	Ю
П	Ф	Е	К	Ш	Ю	Ц	О	Є	Г	А	Ю	И	Й	О
А	В	К	У	В	О	Е	Р	Т	Н	М	Б	Д	Д	Д
Е	К	У	Ц	С	А	Р	А	Х	І	С	Л	А	Т	В
Є	Ц	Ц	С	М	А	К	О	Л	С	И	Е	Н	М	Ж
Я	К	І	С	Т	Ь	М	Ь	П	М	Ж	Н	Т	У	Р
Е	К	З	О	Т	И	Ч	Н	І	Ж	Л	И	Щ	Г	І
Ю	Ю	О	П	Х	У	Ф	Д	Н	И	Н	Й	П	И	Д
К	А	Р	А	М	Е	Л	Ь	І	Н	Ґ	Р	М	Х	С

ГІРКИЙ
АНТИОКСИДАНТ
ЦУКЕРКИ
АРАХІС
КАКАО
КАЛОРІЙ
КАРАМЕЛЬ
СМАЧНИЙ
СОЛОДКИЙ
ЕКЗОТИЧНІ
УЛЮБЛЕНИЙ
СМАК
ІНГРЕДІЄНТ
КОКОС
ПОРОШОК
ЯКІСТЬ
РЕЦЕПТ
АРОМАТ
ЦУКОР

20 - Mathématiques

Б	И	Р	Ж	Щ	Е	Ф	П	О	Б	С	Я	Г	І	С
А	О	Т	А	Є	С	Ф	Л	Є	Є	К	І	Ж	Т	И
Г	Л	Е	П	Д	Ч	Я	О	Ц	Р	Х	Є	К	Ц	М
А	Є	М	А	П	І	Б	Щ	Е	Ф	Щ	В	И	Я	Е
Т	А	И	Р	Р	Ю	У	А	Ж	С	Я	Ь	Н	Є	Т
О	Р	Р	А	Я	Д	В	С	М	Н	Ф	С	Т	С	Р
К	И	Е	Л	М	Є	І	С	Ф	Е	Р	А	У	П	І
У	Ф	П	Е	О	Б	Д	А	А	С	Т	Ґ	К	М	Я
Т	М	О	Л	К	Б	У	Ч	М	Т	У	Щ	И	Г	А
Н	Е	Г	Ь	У	С	У	Г	Х	Е	Ґ	И	Р	У	Ь
И	Т	Д	Н	Т	Я	Щ	У	Ю	М	Т	Р	Т	А	Ж
К	И	Ю	И	Н	Т	Щ	Р	И	Щ	Ж	Р	Я	Л	Ц
Щ	К	І	Й	И	Т	У	К	И	Н	З	А	К	О	П
А	А	Д	Я	К	Г	Е	О	М	Е	Т	Р	І	Я	Щ
П	А	Р	А	Л	Е	Л	О	Г	Р	А	М	П	Н	А

КУТИ
АРИФМЕТИКА
ПЛОЩА
ОКРУГ
ДІАМЕТР
ПОКАЗНИК
ГЕОМЕТРІЯ
ПАРАЛЕЛЬНИЙ
ПАРАЛЕЛОГРАМ
ПЕРИМЕТР
БАГАТОКУТНИК
РАДІУС
ПРЯМОКУТНИК
СУМА
СФЕРА
СИМЕТРІЯ
ТРИКУТНИК
ОБСЯГ

21 - Sport

М	Д	І	Є	Т	А	Т	Р	Е	Н	Е	Р	О	А	З
Ш	А	М	А	Р	Г	О	Р	П	Т	С	Н	Х	Р	Д
Г	Т	К	К	Д	І	Р	М	Ь	Н	П	Ь	М	О	А
Х	Е	Є	С	І	Б	Ґ	Ь	І	Е	О	Т	Ж	З	Т
Б	М	О	І	И	С	І	І	Ш	Ж	Р	С	О	Т	Н
Ц	Ь	Р	Г	З	М	Т	В	Е	Я	Т	І	І	Я	І
Є	Г	Б	Х	Я	Ц	І	К	Р	Н	К	Л	Ц	Г	С
С	И	Л	А	М	Н	Ц	З	И	Н	Є	А	М	У	Т
Є	С	Ф	Я	У	И	Н	С	У	А	И	В	Т	В	Ь
Я	Ґ	Л	В	Д	Г	А	В	Н	В	Т	И	І	А	А
Ґ	Ф	Ц	О	Е	Ж	Т	У	Ц	У	А	Р	Л	Н	І
С	П	О	Р	Т	С	М	Е	Н	Ч	В	Т	О	Н	Ч
Ґ	И	И	О	С	Ч	Г	К	Я	Р	А	И	И	Я	Х
Л	Ш	Ф	Д	В	Х	Ч	Б	С	А	Л	В	Е	Ш	С
І	А	Ф	З	П	М	И	В	Ф	Х	П	С	К	Н	Х

СПОРТСМЕН
ЗДАТНІСТЬ
ТІЛО
ТАНЦІ
ДІЄТА
ВИТРИВАЛІСТЬ
ТРЕНЕР
РОЗТЯГУВАННЯ
СИЛА
БІГ
МАКСИМІЗУВАТИ
М'ЯЗИ
ПЛАВАТИ
ХАРЧУВАННЯ
МЕТА
КІСТКИ
ПРОГРАМА
ЗДОРОВ'Я
СПОРТ

22 - Mythologie

Г	П	Є	Ц	В	М	Ь	Е	А	Р	Х	Е	Т	И	П
Ф	А	Я	Л	А	Б	І	Р	И	Н	Т	І	Ґ	Н	К
Р	С	П	Т	Ш	Р	Р	Ц	Ц	Ї	И	У	Р	Е	П
И	Щ	Г	Е	Р	О	Й	В	Є	О	К	Я	Б	И	Ч
І	Щ	О	Н	В	Е	Р	Я	І	В	Л	Н	Ґ	Ь	С
С	П	Ж	Я	С	К	М	Х	Ж	Ц	І	Н	М	І	Х
Т	О	Ь	И	М	М	У	С	М	Ґ	І	А	Й	С	Б
В	В	Є	Ч	Е	С	Л	Л	З	Я	М	Н	И	Т	Л
О	Е	Щ	Б	Р	П	Е	Ь	Ь	Е	И	О	Н	О	И
Р	Д	Ф	Г	Т	О	Г	А	П	Т	Б	К	В	Т	С
Е	І	Н	К	Н	Г	Е	У	Е	С	У	Е	І	А	К
Н	Н	О	Р	И	Р	Н	У	Ч	Є	К	Р	Р	Л	А
Н	К	І	У	Й	І	Д	Ч	Л	Б	Є	Е	А	И	В
Я	А	О	Ц	Ж	М	А	Т	С	М	О	П	Ч	С	К
М	О	Н	С	Т	Р	Л	И	Х	О	Т	Ч	Д	В	А

АРХЕТИП
ЛИХО
ПОВЕДІНКА
СТВОРЕННЯ
ІСТОТА
ПЕРЕКОНАННЯ
КУЛЬТУРА
БЛИСКАВКА
СИЛА
ВОЇН
ГЕРОЙ
БЕЗСМЕРТЯ
РЕВНОЩІ
ЛАБІРИНТ
ЛЕГЕНДА
ЧАРІВНИЙ
МОНСТР
СМЕРТНИЙ
ГРІМ
ПОМСТА

23 - Restaurant #2

Л	С	Ж	Б	М	О	Ф	І	Ц	І	А	Н	Т	Є	Ґ
Л	О	Б	Ф	Ю	Ф	Н	Щ	І	О	Г	Х	Ь	Я	Є
С	В	К	О	Д	О	Я	Й	Ц	Я	Р	Е	Ч	Е	В
Ф	П	С	Ш	В	Ш	Ф	И	Я	И	Ж	Н	С	Ч	Ю
Ж	Щ	К	П	И	К	К	Н	Л	Ш	А	Ь	А	Ґ	Ж
В	И	Л	К	А	Н	Щ	Ч	О	Б	І	Д	Л	М	Ь
В	С	Г	У	Б	Д	А	А	И	Т	И	У	А	І	Л
Ф	П	О	Ж	И	Щ	Л	М	Щ	Ш	В	Я	Т	Х	С
Р	Е	О	Ч	Р	В	Щ	С	О	Л	С	І	Р	К	С
У	Ц	В	Ч	И	Н	Є	М	А	І	Л	М	О	С	Ь
К	І	О	Ч	Ц	Т	А	К	А	Д	О	В	Т	У	И
Т	Ї	Ч	Ь	Ш	Х	Ж	П	О	И	Ж	Н	Ь	П	Ч
В	А	І	М	Н	Н	Ґ	Ч	І	Є	К	Д	Ь	Ш	Н
Р	О	Н	Я	Н	Ф	Н	Б	Е	Й	А	Я	В	В	Б
Ч	Д	Ф	Н	Т	К	А	Ф	Г	Ь	І	Б	Н	К	П

НАПІЙ
КРІСЛО
ЛОЖКА
ОБІД
СМАЧНИЙ
ВЕЧЕРЯ
ВОДА
СПЕЦІЇ
ВИЛКА
ФРУКТ
ТОРТ
ЛІД
ОВОЧІ
ЛОКШИНА
ЯЙЦЯ
РИБА
САЛАТ
СІЛЬ
ОФІЦІАНТ
СУП

24 - Beauté

Б	И	Л	Ч	О	Д	С	Т	И	Л	І	С	Т	А	Ш
Є	Л	И	Т	Х	Н	З	Г	Ь	Р	Х	Ь	Щ	Г	О
П	Р	А	Р	І	К	Ш	Е	М	А	С	Л	А	Х	У
Ф	Ь	И	Г	Я	Х	С	Н	Р	К	О	Л	І	Р	Ґ
І	Ц	И	Ж	О	Н	Є	К	Е	К	Ь	М	С	Р	О
Ш	У	Д	Ж	Ґ	Д	Ш	Ь	И	С	А	Ш	Х	В	Щ
А	Ш	Р	И	Я	Ш	А	П	И	Г	У	Л	С	О	П
Р	І	Р	Щ	Б	І	М	Т	І	Х	К	Ь	О	Ч	Е
М	М	А	К	І	Я	Ж	А	Ь	П	О	М	А	Д	А
Ш	А	М	П	У	Н	Ь	Ц	Р	К	У	Ч	Е	Р	Щ
К	О	С	М	Е	Т	И	К	А	О	А	Ч	Т	Є	П
Г	Л	А	Д	К	И	Й	И	Ж	Д	М	В	У	О	М
Е	Л	Е	Г	А	Н	Т	Н	И	Й	П	А	Ш	Ґ	И
Т	Е	А	Й	И	Н	Ч	І	Н	Е	Г	О	Т	О	Ф
Е	Л	Е	Г	А	Н	Т	Н	І	С	Т	Ь	Ю	Т	Р

КУЧЕР
ШАРМ
НОЖИЦІ
КОСМЕТИКА
КОЛІР
ЕЛЕГАНТНІСТЬ
ЕЛЕГАНТНИЙ
БЛАГОДАТЬ
МАСЛА
ГЛАДКИЙ
МАКІЯЖ
ТУШ
ДЗЕРКАЛО
АРОМАТ
ШКІРА
ФОТОГЕНІЧНИЙ
ПОМАДА
ПОСЛУГИ
ШАМПУНЬ
СТИЛІСТ

25 - Avions

В	Р	А	П	М	Ц	М	П	Е	Г	Ж	С	П	Є	П
А	О	К	Н	У	Х	С	А	К	Н	С	Є	Р	І	Є
Л	А	Д	О	Г	О	П	Л	І	А	В	П	И	П	Е
Ж	Р	А	Е	Г	Ш	Ц	И	П	П	Щ	Д	Г	О	Д
Ю	Е	С	Ґ	Н	В	Ґ	В	А	Р	Б	В	О	В	О
К	Ф	О	В	Й	Ь	И	О	Ж	Я	У	И	Д	І	Р
Ь	С	П	Ш	А	Ф	М	Н	Р	М	Д	Г	А	Т	П
О	О	И	Я	З	М	Є	С	Т	Г	І	У	Ґ	Р	В
Р	М	Ф	Ц	И	Н	Е	Б	О	И	В	Н	Є	Я	Р
І	Т	Я	А	Д	И	Т	У	Д	А	Н	Х	Х	І	Р
Ж	А	Т	Р	И	Ж	А	С	А	П	И	А	Щ	Р	Г
В	И	С	О	Т	А	Х	П	Є	Я	Ц	П	Я	О	Ц
Л	У	Р	У	Л	І	Х	У	С	Ц	Т	Ю	К	Т	И
Д	Л	И	Н	Я	І	М	С	С	П	В	І	С	С	Є
Ц	Д	Ц	Л	Б	Ш	П	К	А	Д	О	Ь	Д	І	Ж

ПОВІТРЯ
АТМОСФЕРА
ПОСАДКА
ПРИГОДА
ПАЛИВО
НЕБО
БУДІВНИЦТВО
СПУСК
ДИЗАЙН
НАПРЯМ
ЕКІПАЖ
НАДУТИ
ВИСОТА
ГВИНТИ
ІСТОРІЯ
ВОДЕНЬ
ПОГОДА
ДВИГУН
ПАСАЖИР
ПІЛОТ

26 - Aventure

К	С	Х	Р	Т	Т	Я	Ф	Ю	Р	П	Е	Х	Е	Ш
Я	Р	Т	Б	М	Р	Б	С	А	А	Р	К	О	Н	А
Я	Х	А	Й	Ц	У	А	Л	Д	Д	О	С	Р	Т	Н
Щ	Л	М	С	И	Д	Б	Н	О	І	Б	К	О	У	С
А	Б	Х	Х	А	Н	М	Ґ	Р	С	Л	У	Б	З	Є
Н	О	В	И	Й	І	Ч	А	И	Т	Е	Р	Р	І	Щ
Ц	Ґ	Е	У	Н	С	Ю	Е	Р	Ь	М	С	І	А	Ж
Ф	Ґ	А	П	А	Т	Я	Ж	П	Ш	И	І	С	З	Я
И	М	Т	Т	М	Ь	Б	В	Н	З	Р	Я	Т	М	Б
П	І	Д	Г	О	Т	О	В	К	А	Е	У	Ь	Ц	Е
Н	А	В	І	Г	А	Ц	І	Я	Н	О	Б	Т	В	З
Ґ	Ш	С	Щ	І	Н	Й	А	Ч	И	В	З	Е	Н	П
М	О	Ж	Л	И	В	І	С	Т	Ь	Ю	Ь	К	Н	Е
П	Р	И	З	Н	А	Ч	Е	Н	Н	Я	Я	П	Т	К
Ц	Є	Д	І	Я	Л	Ь	Н	І	С	Т	Ь	Л	В	А

ДІЯЛЬНІСТЬ
КРАСА
ХОРОБРІСТЬ
ШАНС
НЕБЕЗПЕЧНИЙ
ПРИЗНАЧЕННЯ
ПРОБЛЕМИ
ТРУДНІСТЬ
ЕНТУЗІАЗМ
ЕКСКУРСІЯ
НЕЗВИЧАЙНІ
МАРШРУТ
РАДІСТЬ
ПРИРОДА
НАВІГАЦІЯ
НОВИЙ
МОЖЛИВІСТЬ
ПІДГОТОВКА
БЕЗПЕКА

27 - Ville

Т	Ц	Б	М	Х	Д	К	О	П	Є	Г	Е	Р	О	Є
Н	Ь	В	Є	Т	Ю	О	Ж	Е	И	А	Г	О	Ж	А
Ґ	Ь	Д	Б	Ґ	Ж	Д	І	К	Б	Л	Р	Ю	С	К
Р	П	Л	І	В	М	Х	А	А	Й	Е	З	У	М	Е
У	Ь	Щ	Е	Ц	Т	И	К	Р	Є	Р	Т	А	Е	Т
Н	Ю	Т	Ж	Т	А	П	Е	Н	Т	Е	Е	Л	К	П
А	Е	Р	О	П	О	Р	Т	Я	О	Я	К	О	Л	А
Р	И	Н	О	К	Ф	Г	О	У	С	Л	Р	К	І	З
О	Л	Ґ	А	Ж	Л	Д	І	У	Т	О	А	Ш	Н	О
Т	І	К	П	І	О	А	Л	Р	А	Є	М	С	І	О
С	Н	Ц	Н	Я	Р	Н	Б	К	Д	І	Р	Х	К	П
Е	Т	Ш	П	У	И	Р	І	Ш	І	Т	Е	В	А	А
Р	Ь	Б	Н	Н	С	Д	Б	К	О	Л	П	А	Є	Р
Н	В	В	С	В	Т	Х	Б	А	Н	Ф	У	Л	Ґ	К
Б	А	Н	К	И	У	У	П	Л	С	Ж	С	Ж	Е	Я

АЕРОПОРТ
БАНК
БІБЛІОТЕКА
ПЕКАРНЯ
КІНО
КЛІНІКА
ШКОЛА
ФЛОРИСТ
ГАЛЕРЕЯ
ГОТЕЛЬ
РИНОК
МУЗЕЙ
АПТЕКА
РЕСТОРАН
САЛОН
СТАДІОН
СУПЕРМАРКЕТ
ТЕАТР
ЗООПАРК

28 - Ingénierie

Д	П	Б	Щ	Ц	Д	І	А	Г	Р	А	М	А	Ш	Р
Д	В	Н	А	Л	Н	Г	Ж	Н	Ґ	А	Н	Р	Е	О
Ш	П	И	Ж	Н	Ь	В	Ь	Ю	И	К	У	Т	С	З
М	Х	С	Г	Є	Б	Х	І	П	Л	Ш	М	Є	Т	Р
К	Е	Ц	М	У	Є	Ц	Б	С	Х	Р	А	Н	Е	А
Е	Т	У	О	У	Н	Щ	У	Е	Ь	О	Н	М	Р	Х
А	Г	Х	Ж	І	Я	Я	Д	Н	Л	З	И	У	Н	У
С	И	Л	А	В	Н	О	І	Е	Е	П	Д	О	Я	Н
Г	Л	И	Б	И	Н	А	В	Р	З	О	І	С	Л	О
Е	Я	Б	В	У	А	І	Н	Г	И	Д	Р	Я	Щ	К
Ш	Ь	В	Л	Ю	Т	Х	И	І	Д	І	Д	Ґ	Х	Є
Д	У	Ь	Т	Г	Р	Н	Ц	Я	Д	Л	А	Я	Т	С
Р	У	Ш	І	Й	Е	Р	Т	Е	М	А	І	Д	В	У
Ж	Л	Ч	С	Ю	Б	Б	В	Ш	Ц	В	И	Ю	К	М
Ю	Ю	Л	Н	Я	О	У	О	Ф	У	О	Ц	Щ	І	Ш

КУТ
ВІСЬ
РОЗРАХУНОК
БУДІВНИЦТВО
ДІАГРАМА
ДІАМЕТР
ДИЗЕЛЬ
РОЗПОДІЛ
ШЕСТЕРНЯ
ЕНЕРГІЯ
СИЛА
РІДИНА
МАШИНА
ДВИГУН
ГЛИБИНА
РУШІЙ
ОБЕРТАННЯ

29 - Énergie

Є	Р	Ф	О	Т	О	Н	Ь	В	Й	Р	Я	Ч	І	П
Д	І	Т	С	О	В	О	Л	С	И	М	О	Р	П	А
Ч	В	Г	Р	Ч	Ю	Р	Е	Г	Н	Ц	Ь	К	С	Л
Ш	Ю	И	Є	Т	Г	Т	З	Я	Ч	Ж	Ч	М	П	И
Ж	У	Ь	Г	Е	Е	К	И	Ж	И	О	Х	У	Ц	В
Д	М	Ц	Ц	У	Ш	Е	Д	Є	Р	Ч	В	Ж	Ш	О
Т	Т	Ш	Т	Т	Н	Л	Л	Ь	Т	И	Б	Щ	А	П
В	У	Ю	В	Е	У	Е	Р	Н	К	Я	Т	Ь	А	Ж
І	Ф	Р	Ш	Г	П	Ф	С	Я	Е	Р	А	Т	А	Б
Т	Е	С	Б	П	И	Л	А	К	Л	С	Є	В	Ь	С
Е	А	І	Н	І	Ю	Е	О	Ш	Е	М	М	Ю	С	М
Р	О	Я	Й	И	Н	Р	Е	Д	Я	Е	О	В	О	Ш
В	О	Д	Е	Н	Ь	А	Б	Е	Н	З	И	Н	Н	Н
Д	С	Е	Р	Е	Д	О	В	И	Щ	Е	Є	И	Ц	Т
А	Ж	Ч	Е	Н	Т	Р	О	П	І	Я	М	Н	Е	Г

БАТАРЕЯ
ПАЛИВО
ТЕПЛО
ДИЗЕЛЬ
ЕНТРОПІЯ
СЕРЕДОВИЩЕ
БЕНЗИН
ЕЛЕКТРИЧНИЙ
ЕЛЕКТРОН
ВОДЕНЬ
ПРОМИСЛОВОСТІ
ДВИГУН
ЯДЕРНИЙ
ФОТОН
СОНЦЕ
ТУРБІНА
ВІТЕР

30 - Cuisine

Ь	А	Т	Ч	Є	Д	А	С	Щ	Ч	Х	П	Ц	И	Ф
Н	Р	Ґ	А	М	А	А	Н	Ґ	А	О	Ґ	Б	Ч	А
Х	О	К	Ш	С	О	Є	С	Ю	Ш	Х	Ц	А	Я	Р
Ч	Є	Ж	А	О	Ф	Ч	Е	С	К	Ц	Ж	Е	Т	Т
А	Ф	М	І	В	И	Л	К	И	И	Ф	Ж	Ю	Т	У
Й	І	И	Д	Г	М	С	Д	Г	Г	Б	Ї	Ж	А	Х
Н	Г	Л	Е	К	А	Е	В	Р	П	Л	О	Ф	Ж	К
И	У	Я	Ц	Ґ	К	Р	Я	И	Т	П	Е	Ц	Е	Р
К	М	І	У	У	Ч	В	Ш	Л	Ж	Ю	Л	Ч	Я	К
Б	Я	Щ	И	Р	И	Е	Ю	Ь	Н	Ґ	У	Е	И	Ц
Г	У	Б	К	А	Л	Т	І	Я	М	Ґ	П	С	Ц	К
М	С	Н	Ж	Т	А	К	Ю	Ї	І	Ц	Е	П	С	Ч
К	Г	Х	О	Д	П	А	Ц	М	Ш	К	Е	І	Щ	К
Я	Х	О	Л	О	Д	И	Л	Ь	Н	И	К	Ч	Е	Ш
М	О	Р	О	З	И	Л	Ь	Н	И	К	М	Л	Л	Ю

ПАЛИЧКАМИ
ЧАША
ЧАЙНИК
МОРОЗИЛЬНИК
НОЖІ
ГЛЕЧИК
ЛОЖКИ
СПЕЦІЇ
ГУБКА
ПІЧ
ВИЛКИ
ГРИЛЬ
ЇЖА
ГЛЕК
РЕЦЕПТ
ХОЛОДИЛЬНИК
СЕРВЕТКА
ФАРТУХ
ЧАШКИ

31 - Corps Humain

Я	И	К	Т	О	Л	О	К	И	Щ	В	У	Х	О	Ш
Ю	Р	Р	Е	Р	П	І	Б	Ц	Я	Л	С	Ю	А	А
О	Д	Д	О	Б	Ь	Ж	К	О	З	О	М	Є	К	Ш
Г	Б	П	А	Л	Е	Ц	Ь	О	Ф	Д	Є	Г	Ш	Б
Ч	Ч	Л	К	П	Щ	Ж	Д	А	Т	И	Д	И	І	Р
Р	Ж	Є	И	П	Е	М	Т	Ь	М	Ь	Ц	В	К	О
У	С	Ю	А	Ч	Ф	Л	І	К	О	Н	У	Л	Ш	Т
И	Р	А	Ь	Х	Ч	А	Е	К	П	І	К	А	Р	И
Ш	О	Д	И	І	Б	Я	О	Щ	Ч	С	О	А	У	П
К	Ю	Д	Г	К	Г	О	Л	О	В	А	Л	Ю	К	Ф
І	І	Е	Ц	Р	Е	С	Ь	Є	И	Л	І	І	А	С
Р	Г	Ч	Т	О	Г	Г	У	Б	И	Д	Н	Б	Я	Ж
А	О	Е	П	В	О	Д	Ж	У	И	М	А	Ґ	О	У
Л	П	Л	К	Л	Д	І	Л	Ш	Ш	Л	Ш	И	Я	Ш
Б	Ю	П	П	І	Д	Б	О	Р	І	Д	Д	Я	К	Г

РОТ
МОЗОК
ЩИКОЛОТКИ
ШИЯ
ЛІКОТЬ
СЕРЦЕ
ПАЛЕЦЬ
ШЛУНОК
ПЛЕЧЕ
КОЛІНА
ГУБИ
РУКА
ЩЕЛЕПА
ПІДБОРІДДЯ
НІС
ВУХО
ШКІРА
КРОВ
ГОЛОВА
ОБЛИЧЧЯ

32 - Biologie

Н	М	К	А	И	Ч	А	У	Р	Ц	Г	Н	Б	Т	Б
Ф	М	Д	Б	Ь	В	К	П	Ш	Щ	Л	Т	Д	В	І
О	Х	Ч	К	Ф	П	Р	И	Р	О	Д	Н	И	Й	Л
Е	Н	Ґ	Ч	Щ	Ф	І	Е	Є	Л	К	Е	М	Е	О
Ц	Х	Щ	О	Ж	М	М	В	Н	Х	О	М	У	Щ	К
З	Е	Т	Н	И	С	О	Т	О	Ф	Л	Р	Т	Е	С
К	Щ	Б	В	Х	Т	К	Я	Р	Я	А	Е	А	М	М
Б	А	К	Т	Е	Р	І	Ї	Й	В	Г	Ф	Ц	Б	Г
А	Н	А	Т	О	М	І	Я	Е	Ж	Е	Ш	І	Р	О
Д	Р	Ш	С	Н	Т	Н	Ю	Н	К	Н	Д	Я	І	Р
Р	Е	В	О	Л	Ю	Ц	І	Я	Є	К	О	Ц	О	М
У	Е	С	М	Х	Р	О	М	О	С	О	М	А	Н	О
В	Ґ	Ю	С	С	С	А	В	Е	Ц	Ь	Ж	Б	Ґ	Н
Х	У	З	О	І	Б	М	И	С	П	А	Н	И	С	Ц
Ь	Р	Е	П	Т	И	Л	І	Я	Б	Х	У	Б	Р	Г

АНАТОМІЯ
БАКТЕРІЇ
КОМІРКА
ХРОМОСОМА
КОЛАГЕН
ЕМБРІОН
ФЕРМЕНТ
ЕВОЛЮЦІЯ
ГОРМОН
ССАВЕЦЬ
МУТАЦІЯ
ПРИРОДНИЙ
НЕРВ
НЕЙРОН
ОСМОС
ФОТОСИНТЕЗ
БІЛОК
РЕПТИЛІЯ
СИМБІОЗ
СИНАПС

33 - Épices

Н	П	Г	Ґ	Г	О	Й	И	К	Р	І	Г	Ц	Ц	Б
І	Д	Е	Г	А	Я	Д	Т	А	М	О	Р	А	И	Ґ
Є	І	Щ	Р	И	Б	М	І	Р	М	Н	Щ	М	Б	Ф
Ґ	У	І	А	Е	Б	С	Р	Д	А	У	Ф	К	У	Е
Р	Ш	В	Д	М	Ц	Ц	Р	А	Ц	О	К	Ю	Л	Р
К	О	Р	И	Ц	Я	Ь	А	М	Є	М	О	Р	Я	П
П	А	П	Р	И	К	А	К	О	Т	С	А	Ш	У	Б
Ф	К	О	Д	У	Ш	Є	Ж	Н	С	І	Н	А	Н	К
У	Е	Є	Є	Й	И	Л	С	И	К	Л	Д	Ф	Ч	К
Я	К	Н	У	Я	Д	Г	П	М	Ґ	Ь	Б	Р	А	И
Г	И	С	Х	Ж	Х	О	Л	К	Ш	С	Я	А	С	О
С	Ь	Т	О	Е	С	О	Л	О	Д	К	А	Н	Н	Ф
Ф	Ю	Ч	В	І	Л	І	Н	А	В	Б	О	Б	И	Р
П	О	О	Ц	М	Х	Ь	Л	О	Ш	Я	О	Ь	К	Р
К	О	Р	І	А	Н	Д	Р	Д	Д	Б	О	Т	Ш	Щ

КИСЛИЙ
ЧАСНИК
ГІРКИЙ
АНІС
КОРИЦЯ
КАРДАМОН
КОРІАНДР
КМИН
КУРКУМА
КАРРІ
ФЕНХЕЛЬ
ІМБИР
ЦИБУЛЯ
ПАПРИКА
ПЕРЕЦЬ
СОЛОДКА
ШАФРАН
АРОМАТ
СІЛЬ
ВАНІЛІ

34 - Agronomie

М	Я	Ь	Ґ	С	Р	Щ	А	Т	П	Н	Б	Я	Е	Р
Б	І	Ч	О	В	О	Я	В	Ш	И	А	Л	Е	Н	І
В	З	С	Ґ	Д	Х	Ц	И	Ф	Ь	С	Я	К	Е	С
М	О	Д	О	Б	Р	И	В	О	Е	І	Н	О	Р	Е
Є	Р	Д	Ґ	С	П	Ґ	С	Я	М	Н	Н	Л	Г	Р
Р	Е	Л	А	Б	О	Р	О	В	Х	Н	А	О	І	Е
І	Я	Ш	Г	Ч	І	И	Н	Ґ	Ж	Я	Т	Г	Я	Д
В	С	Т	Й	И	К	Ь	С	Ь	Л	І	С	І	Ь	О
Г	О	С	П	О	Д	А	Р	С	Т	В	О	Я	Ю	В
Ґ	М	Е	О	В	Т	Ц	И	Н	Б	О	Р	И	В	И
З	А	Б	Р	У	Д	Н	Е	Н	Н	Я	З	А	В	Щ
В	К	Ж	Ф	Ь	Щ	А	У	О	Х	І	Б	Х	И	Е
М	У	Л	Ї	Д	Д	Л	К	Р	О	І	Р	Ґ	О	Ь
А	А	С	И	С	Т	Е	М	И	Ґ	В	У	У	Я	В
Я	Н	Н	Е	Ж	Д	І	Л	С	О	Д	Д	Ж	Ю	Х

ГОСПОДАРСТВО
ЗРОСТАННЯ
ВОДА
ДОБРИВО
СЕРЕДОВИЩЕ
ЕКОЛОГІЯ
ЕНЕРГІЯ
ЕРОЗІЯ
НАСІННЯ
ОВОЧІ
ХВОРОБА
ЇЖА
ЗАБРУДНЕННЯ
ВИРОБНИЦТВО
ДОСЛІДЖЕННЯ
СІЛЬСЬКИЙ
НАУКА
ҐРУНТ
СИСТЕМИ

35 - Science

М	О	Т	А	Д	О	Р	И	Р	П	Я	Є	Т	Х	О
Я	І	Р	О	Т	А	Р	О	Б	А	Л	Т	Г	І	Р
А	Х	Н	Ф	А	К	Т	Д	А	Н	І	Ф	Ю	М	Г
Ф	У	Т	Е	В	И	К	О	П	Н	И	Й	Ґ	І	А
Ф	Г	Є	Д	Р	М	О	Л	Е	К	У	Л	И	Ч	Н
Ц	Ф	В	Щ	К	А	У	Ф	І	З	И	К	А	Н	І
С	Л	П	Ґ	Ґ	С	Л	І	С	Ф	У	Н	Ш	І	З
Д	Д	Ю	У	Л	Х	Й	И	Н	Е	Ч	В	Ф	Г	М
С	П	О	С	Т	Е	Р	Е	Ж	Е	Н	Н	Я	І	Є
Ц	Ь	К	Л	І	М	А	Т	К	Р	Д	С	Я	П	И
Г	Р	А	В	І	Т	А	Ц	І	Я	Л	О	Е	О	Х
Е	В	О	Л	Ю	Ц	І	Я	Ь	А	Ф	С	Т	Т	Д
Л	Д	Ц	Т	Н	Е	М	И	Р	Е	П	С	К	Е	Ж
Ч	А	С	Т	И	Н	К	И	Б	Ш	Б	Щ	Ц	З	М
Ф	Я	Г	Ж	К	Ф	Ш	Ч	Н	П	Н	І	Х	А	Щ

АТОМ
ХІМІЧНІ
КЛІМАТ
ДАНІ
ЕКСПЕРИМЕНТ
ЕВОЛЮЦІЯ
ФАКТ
ВИКОПНИЙ
ГРАВІТАЦІЯ
ГІПОТЕЗА
ЛАБОРАТОРІЯ
МЕТОД
МІНЕРАЛИ
МОЛЕКУЛИ
ПРИРОДА
СПОСТЕРЕЖЕННЯ
ОРГАНІЗМ
ЧАСТИНКИ
ФІЗИКА
ВЧЕНИЙ

36 - Vêtements

П	Д	П	Х	Н	Р	М	П	Д	П	Ц	Д	Ц	Ь	Ґ
А	Ж	В	Л	Я	А	К	Т	Р	У	К	Ш	Ф	П	Я
Л	И	З	Р	А	Р	М	Ц	Ь	Н	Ф	Д	Ф	И	Б
Ь	Н	У	У	Ж	Т	Т	И	С	О	Р	О	Ч	К	А
Т	С	Т	К	Е	Е	Т	Н	С	Б	А	Є	А	Ч	О
О	И	Т	А	Щ	В	Е	Я	Я	Т	Ш	И	П	Р	Ь
Р	Є	Я	В	Ю	С	Л	Ц	О	Ц	О	Я	Н	В	Г
Н	Щ	В	И	Л	Б	С	И	П	І	Ж	А	М	А	Ш
Ш	Ц	Е	Ч	Ц	У	А	Н	Е	Х	Р	Л	У	С	Щ
Л	Т	Д	К	М	М	Р	Д	Б	Л	У	З	К	А	Ь
Ь	Г	А	И	Щ	Є	Б	І	І	С	Г	Ц	У	М	Щ
А	Я	М	Н	И	Р	Е	П	Ч	Е	Е	Р	Ч	Я	О
Ш	М	С	Ц	И	Б	Щ	С	Н	К	І	І	Ч	С	Н
Ф	А	Р	Т	У	Х	Ю	Л	Е	П	А	К	Ш	В	К
М	О	Д	А	С	А	Н	Д	А	Л	І	Ж	Ґ	Д	Щ

БРАСЛЕТ
ПОЯС
КАПЕЛЮХ
ВЗУТТЯ
СОРОЧКА
БЛУЗКА
НАМИСТО
ШАРФ
РУКАВИЧКИ
ДЖИНСИ
СПІДНИЦЯ
ПАЛЬТО
МОДА
ШТАНИ
СВЕТР
ПІЖАМА
ПЛАТТЯ
САНДАЛІ
ФАРТУХ
КУРТКА

37 - Méditation

А	В	И	Т	К	Е	П	С	Р	Е	П	М	С	П	Ц
Я	Л	Д	О	Б	Р	О	Т	А	Й	Р	У	В	Н	Ш
С	П	Ч	М	Ґ	Ж	Ц	С	М	И	И	З	Я	И	І
Г	Ж	М	Ч	Т	Ч	О	П	Ф	Н	Р	И	Н	Ч	Ґ
Р	О	З	У	М	О	В	И	Й	Й	О	К	Н	Г	П
Я	С	Н	І	С	Т	Ь	М	Р	І	Д	А	Е	С	Р
Д	И	Х	А	Н	Н	Я	Ш	И	К	А	Ь	Ж	У	И
Ф	Є	У	Ц	Б	Ш	Т	И	Ю	О	Ц	Е	Е	В	Й
Б	Д	Р	А	В	А	Т	С	О	П	М	И	Р	А	Н
П	Р	О	К	И	Н	У	Т	И	С	Я	К	Е	Г	Я
Ш	П	Ц	Я	Є	К	Ч	Т	И	Ш	А	Ч	Т	А	Т
Н	А	Х	Д	Б	К	В	К	Ц	Т	Г	И	С	Х	Т
Т	Щ	Р	О	Ж	Ї	І	Ц	О	М	Е	В	О	Ю	Я
С	Щ	І	П	И	В	П	И	Ч	С	Ф	З	П	Я	Ю
А	І	П	Л	Г	Р	С	Ц	І	К	Ю	Х	С	Ґ	Ж

ПРИЙНЯТТЯ
УВАГА
СПОКІЙНИЙ
ЯСНІСТЬ
СПІВЧУТТЯ
ЕМОЦІЇ
ПРОКИНУТИСЯ
ДОБРОТА
ПОДЯКА
ЗВИЧКИ
РОЗУМОВИЙ
РУХ
МУЗИКА
ПРИРОДА
СПОСТЕРЕЖЕННЯ
МИР
ПЕРСПЕКТИВА
ПОСТАВА
ДИХАННЯ
ТИША

38 - Littérature

Б	К	О	В	О	Н	С	И	В	Е	Б	Ю	Д	П	Т
С	О	Н	П	Т	Р	А	Г	Е	Д	І	Я	І	Ж	В
И	К	А	Р	О	Ф	А	Т	Е	М	Е	Р	А	Р	И
П	Л	М	Є	Ш	В	Г	Є	Я	Т	Ф	О	Л	Я	Т
О	Ж	О	Х	Ж	С	І	І	Е	И	И	Т	О	К	И
Е	С	Р	Я	Щ	У	Д	Д	Ш	Р	І	В	Г	Е	У
Т	И	Т	О	Д	К	Е	Н	А	А	Н	А	Л	І	З
И	П	Ґ	И	Л	Ч	Є	Х	Д	Ч	Р	М	Б	Е	Л
Ч	О	Д	Г	Л	Т	А	Н	А	Л	О	Г	І	Я	В
Н	Ю	Н	Ч	Ф	Ь	Е	Т	Е	Х	И	П	Д	Б	И
И	И	Я	Т	У	Т	А	М	Ч	Л	О	Ґ	Р	Ч	Г
Й	Т	Х	Т	С	Г	А	К	А	М	И	Р	Є	Є	А
П	О	Р	І	В	Н	Я	Н	Н	Я	Е	Ь	Ц	М	Д
Т	Б	І	О	Г	Р	А	Ф	І	Я	Ь	А	Ш	А	К
Н	О	Я	Т	М	Ю	Ф	У	Я	Я	Ц	Ґ	Г	Г	А

АНАЛОГІЯ
АНАЛІЗ
АНЕКДОТ
АВТОР
БІОГРАФІЯ
ПОРІВНЯННЯ
ВИСНОВОК
ОПИС
ДІАЛОГ
ВИГАДКА
МЕТАФОРА
ОПОВІДАЧ
ВІРШ
ПОЕТИЧНИЙ
РИМА
РОМАН
РИТМ
СТИЛЬ
ТЕМА
ТРАГЕДІЯ

39 - Nourriture #1

К	И	Н	С	А	Ч	С	С	Я	Л	Р	И	Ц	Б	Ф
Ь	О	Р	І	П	А	І	М	А	Ь	Н	І	М	Ч	Я
Ц	Ш	Р	О	О	И	К	Е	Е	Л	Л	У	К	К	Ш
Т	А	Н	И	П	Ш	А	У	Д	І	А	О	А	Л	Л
М	Ж	О	Л	Ц	Е	И	Н	К	С	Ґ	Т	В	С	О
О	Б	М	М	Л	Я	О	Я	М	Ь	І	Г	А	Х	Б
Р	Р	И	І	А	И	Д	К	Р	О	К	У	Ц	П	И
К	Ь	Л	И	С	А	В	Ц	Ґ	Я	Л	У	Б	И	Ц
В	Ц	П	Я	Х	Р	Г	У	В	Ч	Ф	О	Е	Г	В
А	Е	П	Щ	У	Ґ	Д	Л	Н	Ц	Г	С	К	Е	Ь
Ш	Н	Д	В	П	О	Л	У	Н	И	Ц	Я	І	О	Г
У	У	Б	Е	У	Т	Ч	У	А	С	Т	М	Ц	А	В
Р	Т	Н	П	С	А	Т	О	И	Н	Ч	В	И	Ч	Д
Г	К	К	П	Ґ	Б	І	Є	Х	Ф	М	Е	Я	А	Ц
А	Ш	Н	Н	Ш	С	А	М	Є	Ч	І	Н	Ш	О	Ч

ЧАСНИК
ВАСИЛЬ
КАВА
КОРИЦЯ
МОРКВА
ЛИМОН
ШПИНАТ
ПОЛУНИЦЯ
СІК
МОЛОКО
РІПА
ЦИБУЛЯ
ЯЧМІНЬ
ГРУША
САЛАТ
СІЛЬ
СУП
ЦУКОР
ТУНЕЦЬ
М'ЯСО

40 - Jours et Mois

Р	Є	В	Л	С	В	Х	Г	С	Ґ	С	Ґ	Б	Ґ	Ж
С	Щ	М	И	У	І	Г	І	Г	Т	Я	Я	Ц	Р	Ь
Т	Ь	П	П	Б	В	С	А	Я	Г	Ґ	Щ	Л	Х	Т
В	Н	Ю	Е	О	Т	К	Є	К	Е	Е	Ж	Г	П	П
П	Е	М	Н	Т	О	Д	А	П	О	Т	С	И	Л	О
Я	В	Р	Ь	А	Р	А	Д	Н	Е	Л	А	К	В	Н
Т	Р	Е	Е	Ш	О	У	Е	Л	Н	Ф	Ь	І	Д	Е
Н	Е	В	В	С	К	Ь	Р	Є	Р	Ц	Н	О	Д	Д
И	Ч	Т	Д	Н	Е	Б	Е	Р	Е	З	Е	Н	Ь	І
Ц	Ц	Е	Л	Б	Е	Н	С	Б	Д	Ю	Т	М	Н	Л
Я	Ш	Ч	О	Л	Ь	Д	Ь	Ц	Я	С	І	М	Е	О
С	Е	Р	П	Е	Н	Ь	І	Л	Є	Ю	В	С	Д	К
Л	Я	Ф	О	Ш	А	М	Є	Л	О	Є	К	Щ	Ж	А
Л	Ю	Т	И	Й	У	Е	К	Ф	Я	К	Т	Е	И	Ч
Ю	С	І	Ч	Е	Н	Ь	Н	Е	Т	В	О	Ж	Т	Ч

СЕРПЕНЬ
КВІТЕНЬ
КАЛЕНДАР
НЕДІЛЯ
ЛЮТИЙ
СІЧЕНЬ
ЧЕТВЕР
ЛИПЕНЬ
ЧЕРВЕНЬ
ПОНЕДІЛОК
ВІВТОРОК
БЕРЕЗЕНЬ
СЕРЕДА
МІСЯЦЬ
ЛИСТОПАД
ЖОВТЕНЬ
СУБОТА
ТИЖДЕНЬ
ВЕРЕСЕНЬ
П'ЯТНИЦЯ

41 - Jardinage

К	Н	К	С	Є	К	Т	Н	Ф	Г	Ш	Х	С	Ц	А
О	А	В	И	Д	Ф	О	Б	Т	И	Ь	Ш	Е	Ґ	Ь
Н	С	К	Т	Я	Щ	Ю	М	Л	І	І	Е	З	К	Ї
Т	І	Е	Л	У	Л	Щ	Ь	П	Ж	А	Д	О	В	С
Е	Н	К	Я	І	Ч	Г	Р	Л	О	Д	Г	Н	І	Т
Й	Н	З	Щ	Г	М	Н	Є	І	Т	С	Ф	Н	Т	І
Н	Я	О	Ю	О	У	А	Л	Х	Т	Ю	Т	И	К	В
Е	Т	Т	Ж	Л	Д	Л	Т	Ь	Н	І	Е	Й	О	Н
Р	С	И	О	О	Л	Ш	Б	Р	У	Д	К	Є	В	И
М	И	Ч	Л	В	А	Ф	Н	Ь	Р	А	У	Ш	І	Й
И	Л	Н	Є	И	П	Б	Ш	Ф	Ґ	Ф	Б	Р	Ь	Т
Д	Т	І	Д	А	С	Й	И	В	О	Т	К	У	Р	Ф
С	Ч	Ь	Д	П	Щ	Т	І	В	Ц	Н	И	Х	Л	Ф
Я	Т	Б	О	Т	А	Н	І	Ч	Н	И	Й	Ґ	Ж	Л
О	С	Т	Ч	Р	М	У	Ж	П	Ь	Р	Я	Ґ	Г	Ж

БОТАНІЧНИЙ
БУКЕТ
КЛІМАТ
ЇСТІВНИЙ
КОМПОСТ
ВОДА
ВИД
ЕКЗОТИЧНІ
ЛИСТЯ
ЛИСТ
ЦВІТ
КВІТКОВІ
НАСІННЯ
ВОЛОГІ
КОНТЕЙНЕР
СЕЗОННИЙ
БРУД
ҐРУНТ
ШЛАНГ
ФРУКТОВИЙ САД

42 - Entreprise

Т	Е	Ж	Д	Ю	Б	Ф	К	Т	С	Г	Ь	В	Я	Ф
Р	А	В	О	Т	Ь	Л	С	О	Є	Ф	Ц	А	П	І
А	К	І	М	О	Н	О	К	Е	М	Х	Е	В	О	Н
Н	И	З	А	Г	А	М	Ч	А	Х	П	В	Ч	Ф	А
З	К	Ж	И	Т	Б	Б	Ь	І	Ю	Ю	А	С	І	Н
А	И	А	Г	Я	Т	Н	Є	І	Е	Н	Д	Н	С	С
К	Н	Д	Р	Р	В	А	Л	Ю	Т	А	О	Д	І	И
Ц	В	О	Я	Є	О	П	Т	Г	Г	П	Т	О	Я	Я
І	І	Р	І	Р	Р	Ш	Щ	Д	Р	Р	О	Х	О	П
Я	Ц	П	П	М	У	Ц	І	А	Ф	И	Б	І	Б	Н
Ш	А	К	И	Р	Б	А	Ф	Я	П	Б	О	Д	Ж	М
Є	Р	П	О	Д	А	Т	К	И	Д	У	Р	Ґ	У	Ж
Р	П	Я	В	Б	Г	Ь	Т	С	І	Т	Р	А	В	С
І	Н	В	Е	С	Т	И	Ц	І	Ї	О	Г	Г	Р	С
Ь	В	Л	О	Л	М	Х	Ю	И	В	К	Г	Т	Ю	Д

ГРОШІ
МАГАЗИН
БЮДЖЕТ
ОФІС
КАР'ЄР
ВАРТІСТЬ
ВАЛЮТА
РОБОТОДАВЕЦЬ
ПРАЦІВНИК
КОМПАНІЯ
ЕКОНОМІКА
ФІНАНСИ
ПОДАТКИ
ІНВЕСТИЦІЇ
ТОВАР
ПРИБУТОК
ДОХІД
ТРАНЗАКЦІЯ
ФАБРИКА
ПРОДАЖ

43 - Activités

Ф	В	С	Д	Т	Д	К	Х	Б	Ч	А	Х	Р	С	П
О	Ж	О	Ґ	О	Х	І	Ц	Н	А	Т	І	Е	Я	О
Т	С	В	Ь	Х	З	Е	Я	І	Г	А	М	М	Л	Л
О	Ч	Т	О	Г	Я	В	С	Л	Л	І	О	Е	Д	Ю
Г	Ь	Ц	В	Л	Н	Г	І	Я	Ь	А	Н	С	О	В
Р	Ч	И	Т	А	Н	Н	Я	Л	Ш	Н	П	Л	Щ	А
А	К	Н	Ц	Е	Е	І	Н	В	Л	И	І	А	І	Н
Ф	Е	В	Е	Н	Л	П	А	О	Ф	Я	Т	С	А	Н
І	Р	І	Т	П	Б	М	В	Л	Г	Щ	А	Т	Т	Я
Я	А	Д	С	Р	А	Е	И	О	Е	С	Г	Ч	Я	Ь
Ж	М	А	И	Ь	Л	К	Ч	Б	І	Ґ	Е	А	І	Т
Д	І	С	М	Л	С	Т	К	И	І	Г	Р	И	Т	Б
Ш	К	М	П	Д	З	К	А	Р	Б	Є	У	І	І	М
М	А	Є	У	Ж	О	І	Н	Т	Е	Р	Е	С	И	Є
Ю	Ч	Ч	Н	Н	Р	В	Я	З	А	Н	Н	Я	Т	Ґ

ДІЯЛЬНІСТЬ
МИСТЕЦТВО
РЕМЕСЛА
КЕМПІНГ
КЕРАМІКА
ПОЛЮВАННЯ
НАВИЧКА
ШИТТЯ
ТАНЦІ
ІНТЕРЕСИ
САДІВНИЦТВО
ІГРИ
ЧИТАННЯ
ДОЗВІЛЛЯ
МАГІЯ
РИБОЛОВЛЯ
ФОТОГРАФІЯ
РОЗСЛАБЛЕННЯ
В'ЯЗАННЯ

44 - Mode

С	Т	Ж	В	П	В	П	М	А	Ґ	Ь	П	О	О	Ф
У	Е	Б	І	Р	Т	Р	У	К	І	Х	Ґ	Н	Т	Ш
Ч	Н	У	З	О	Ю	А	Ш	В	В	Х	Ш	Т	И	Є
А	Д	Т	Е	С	С	К	Й	И	Н	М	О	Р	К	С
С	Е	И	Р	Т	Т	Т	И	Ш	Ч	М	Ґ	О	П	Я
Н	Н	К	У	И	И	И	Н	И	Б	Є	Ч	Ф	О	Х
И	Ц	М	Н	Й	Л	Ч	Т	В	Ч	Ю	Є	М	Н	Б
Й	І	Щ	О	Я	Ь	Н	Н	Ц	Ь	Ґ	Н	О	К	К
Д	Я	Ц	К	Ф	С	И	А	Н	И	Н	А	К	Т	А
М	О	И	І	П	Ц	Й	Г	Я	Д	О	А	Б	Ж	Ю
Ю	А	Р	У	Т	С	К	Е	Т	І	К	П	Ж	Б	Р
Ф	Є	Ж	О	Ж	К	Є	Л	А	Н	І	Г	И	Р	О
П	К	О	С	Г	Ц	В	Е	В	Г	П	І	Ь	А	Ю
І	Ж	Г	М	Х	О	В	И	Ж	Е	Р	Е	М	Т	Ж
В	И	М	І	Р	Ю	В	А	Н	Н	Я	Ь	Х	Є	Ч

БУТИК
КНОПКИ
ВИШИВКА
ДОРОГО
КОМФОРТНО
МЕРЕЖИВО
ЕЛЕГАНТНИЙ
ВИМІРЮВАННЯ
СУЧАСНИЙ
СКРОМНИЙ
ВІЗЕРУНОК
ОРИГІНАЛ
ПРАКТИЧНИЙ
ПРОСТИЙ
СТИЛЬ
ТЕНДЕНЦІЯ
ТЕКСТУРА
ТКАНИНА
ОДЯГ

45 - Fleurs

С	О	Н	Я	Ш	Н	И	К	Ь	И	П	Б	В	Г	Х
М	К	К	О	Н	Ю	Ш	И	Н	А	Л	У	Г	А	Ь
В	А	К	Т	С	Ю	Л	Е	П	Б	Ю	З	П	Р	Ю
Т	М	Г	І	Ь	Х	Х	Ь	С	А	М	О	Б	Д	Ц
Ж	Р	С	Н	С	Б	И	Б	Ф	Б	Е	К	Г	Е	С
Т	С	О	П	О	И	Е	К	І	Ь	Р	Л	І	Н	Ж
У	Щ	Д	Я	Ф	Л	Т	И	Т	Л	І	Ь	Б	І	А
Х	Ц	Р	В	Н	Г	І	Я	Щ	У	Я	В	І	Я	С
Н	І	И	Є	Х	Д	Л	Я	Р	К	Є	Б	С	Щ	М
А	Х	В	Ь	Є	Т	А	Е	Л	О	Х	Р	К	Ф	И
П	І	В	О	Н	І	Я	Д	І	Б	М	Я	У	У	Н
Ь	Л	Н	Н	Ф	Т	М	І	Л	У	Ґ	А	С	Я	У
Л	А	В	А	Н	Д	А	Х	І	К	Д	Ь	Ш	Л	Ф
Ю	Н	К	У	А	Ф	М	Р	Я	Е	Н	Д	Ч	К	М
Т	Я	Є	О	П	М	Ж	О	Д	Т	Я	Ш	И	Ш	А

БУКЕТ
ГАРДЕНІЯ
ГІБІСКУС
ЖАСМИН
ЛАВАНДА
БУЗОК
ЛІЛІЯ
МАГНОЛІЯ
РОМАШКА
ОРХІДЕЯ
МАК
ПЕЛЮСТКА
КУЛЬБАБА
ПІВОНІЯ
ПЛЮМЕРІЯ
ТРОЯНДА
СОНЯШНИК
КОНЮШИНА
ТЮЛЬПАН

46 - Nourriture #2

П	О	Г	Н	А	М	Р	Д	Т	Ч	У	Є	П	Н	Г
О	Ґ	Р	П	Р	Б	Б	Ч	Ш	Б	Н	Х	Ш	В	Я
М	С	И	Р	Е	Л	И	Д	Е	Д	Г	А	Е	М	Щ
І	Г	Б	Б	Л	Б	К	Р	Х	Н	Ґ	Д	Н	Ц	Л
Д	Н	Л	Т	Е	Н	О	Щ	Ш	І	Ґ	О	И	А	А
О	Д	Ю	Л	С	Ь	К	І	В	І	Р	Х	Ц	К	Б
Р	Щ	Е	Ь	Ш	Я	У	Л	І	Е	Ц	Й	Я	Р	В
Е	Г	Л	М	Ж	Б	Л	О	Ч	Г	М	Б	Н	У	Е
Б	П	Ю	П	Є	Н	Б	К	Е	К	И	Д	Ш	К	Ч
Ж	Є	В	А	Г	Ч	Я	О	Д	Ш	Г	С	И	В	Х
Ч	Д	Ь	Р	Щ	Х	Ф	Р	Ч	И	Д	М	В	Ь	Г
Ф	І	Р	Г	Ц	Ф	Л	Б	Ш	Н	А	Р	І	Ь	Ч
Ш	О	К	О	Л	А	Д	І	П	К	Л	Я	С	Ф	П
В	И	Н	О	Г	Р	А	Д	Б	А	Ь	Ф	В	Є	Я
Б	А	К	Л	А	Ж	А	Н	И	Б	Ю	У	Ц	Б	Т

МИГДАЛЬ
БАКЛАЖАН
БАНАН
ПШЕНИЦЯ
БРОКОЛІ
ВИШНЯ
СЕЛЕРА
ГРИБ
ШОКОЛАД
ШИНКА
КІВІ
МАНГО
ЯЙЦЕ
ХЛІБ
РИБА
ЯБЛУКО
КУРКА
ВИНОГРАД
РИС
ПОМІДОР

47 - Algèbre

Р	П	Ч	И	С	Л	О	Я	У	Ф	Щ	Е	Т	В	Н
І	І	О	П	О	М	И	Л	К	О	В	И	Й	І	Е
В	Т	Є	К	Д	У	Ж	К	И	Ч	Я	Г	И	Д	С
Н	І	І	Е	А	Л	У	М	Р	О	Ф	Р	Н	Н	К
Я	Т	І	Ф	М	З	М	Я	Д	И	К	А	Й	І	І
Н	Р	Ч	Я	Е	Ґ	Н	Ц	Ц	А	Р	Ф	І	М	Н
Н	І	Ґ	І	Л	Л	К	И	Я	М	В	І	Н	А	Ч
Я	Ш	З	Б	Б	Ґ	І	Р	К	А	Ґ	К	І	Н	Е
А	Е	М	Ц	О	У	Л	Т	Ф	Р	М	А	Л	Н	Н
Б	Н	І	Н	Р	Щ	Ь	А	Ф	Г	Е	О	Е	Я	Н
Т	Н	Н	Т	П	Е	К	М	Я	А	С	О	Ш	С	И
Щ	Я	Н	Ь	К	В	І	Ф	Р	І	К	У	Ж	К	Й
Ґ	Ь	А	Ч	Н	А	С	Я	Я	Д	Х	Т	М	У	М
Д	Ґ	Ц	И	Т	И	Т	С	О	Р	П	С	О	А	Щ
Л	Х	Ю	П	Н	Н	Ь	Л	У	Н	У	Ю	Д	Р	А

ДІАГРАМА
ПОКАЗНИК
РІВНЯННЯ
ФАКТОР
ПОМИЛКОВИЙ
ФОРМУЛА
ГРАФІК
НЕСКІНЧЕННИЙ
ЛІНІЙНИЙ
МАТРИЦЯ
ЧИСЛО
ДУЖКИ
ПРОБЛЕМА
КІЛЬКІСТЬ
СПРОСТИТИ
РІШЕННЯ
СУМА
ВІДНІМАННЯ
ЗМІННА
НУЛЬ

48 - Océan

Я	Ь	Ц	П	Б	М	И	Є	І	Е	У	Є	С	Є	О
Х	Ь	В	Ь	Ц	Е	Н	У	Т	К	Ч	А	І	Ч	Н
О	Щ	А	И	Ю	Д	Е	Х	Щ	Б	И	Е	Л	Р	И
Ґ	Я	У	Г	П	У	В	Б	И	Г	П	Т	Ь	И	П
А	Д	Є	Є	А	З	О	У	Р	І	Л	Т	У	Ф	Р
К	Ц	Г	Х	Щ	А	Ч	П	К	Н	С	К	С	Я	И
Б	Р	К	О	Р	А	Л	О	В	И	Й	Р	Т	Т	П
У	Б	Е	А	К	У	Л	А	Д	М	Л	А	Р	В	Л
Г	У	В	В	Ґ	В	Ю	О	Е	Ь	А	Б	И	Р	И
М	Р	У	У	Е	Ф	У	Х	Л	С	Х	С	Ц	Н	В
А	Я	Г	И	Л	Т	Г	Р	Ь	О	Ж	В	Я	К	И
Ь	С	О	Д	Г	А	К	Е	Ф	В	И	У	И	П	Ь
У	Х	Р	В	Ь	Т	Є	И	І	Б	У	К	Е	Л	Б
Ч	Е	Р	Е	П	А	Х	А	Н	Ю	Щ	Ю	К	І	І
М	Є	Е	Ч	Щ	Ч	М	Ч	Л	Ж	О	И	Н	Г	Я

ВУГОР
КИТ
ЧОВЕН
КОРАЛОВИЙ
КРАБ
КРЕВЕТКИ
ДЕЛЬФІН
ГУБКА
УСТРИЦЯ
ПРИПЛИВИ
МЕДУЗА
РИБА
ВОСЬМИНІГ
АКУЛА
РИФ
СІЛЬ
БУРЯ
ТУНЕЦЬ
ЧЕРЕПАХА
ХВИЛІ

49 - Antiquités

М	І	Н	Ж	В	А	Р	П	С	А	Д	І	И	Е	Н
С	И	Т	Е	Н	О	М	Т	Я	А	Ь	Л	Щ	Л	Е
Т	Ф	С	Г	А	Л	Е	Р	Е	Я	Т	Б	Д	Е	З
А	Я	Я	Т	Т	І	Л	И	Т	Я	С	Е	Д	Г	В
Р	Ґ	Л	Е	Е	Ш	М	М	Ю	Н	І	М	Є	А	И
И	Т	Н	О	І	Ц	К	У	А	С	Н	Ґ	Т	Н	Ч
Й	Г	Ї	І	Ц	И	Т	С	Е	В	Н	І	Н	Т	А
Я	Р	И	Є	О	М	Х	В	Л	Е	І	Н	У	Н	Й
Ц	К	Р	Д	А	Д	Ґ	Ю	О	У	Ц	П	Р	И	Н
І	Х	І	Н	В	И	Т	А	Р	О	К	Е	Д	Й	І
Н	Д	К	С	С	Т	О	Л	І	Т	Т	Я	С	Д	Ф
А	А	Р	У	Т	П	Ь	Л	У	К	С	Т	И	Л	Ь
Ж	С	Ь	Т	І	Ь	Ц	Ю	К	А	Р	Т	И	Н	И
Р	Е	С	Т	А	В	Р	А	Ц	І	Я	Л	І	В	Щ
Д	Н	В	Т	Х	Ч	Л	Ґ	Є	Е	Т	Н	Є	Ц	Ц

МИСТЕЦТВО
СПРАВЖНІМ
ДЕСЯТИЛІТТЯ
ДЕКОРАТИВНІ
АУКЦІОН
ЕЛЕГАНТНИЙ
ГАЛЕРЕЯ
НЕЗВИЧАЙНІ
ІНВЕСТИЦІЇ
МЕБЛІ
КАРТИНИ
МОНЕТИ
ЦІНА
ЯКІСТЬ
РЕСТАВРАЦІЯ
СКУЛЬПТУРА
СТОЛІТТЯ
СТИЛЬ
ЦІННІСТЬ
СТАРИЙ

50 - Réchauffement Climatique

Х	С	Т	Д	Д	Н	Й	Д	Ю	М	Щ	Г	Х	П	Г
Я	Ц	В	М	У	А	И	З	А	Р	А	З	Н	Т	А
І	Б	Ь	А	Ч	Я	Н	Н	І	Л	О	К	О	П	З
У	Н	Т	Т	П	І	Ч	І	Т	А	М	І	Л	К	З
Х	А	Д	Ь	Ш	Г	И	П	С	Д	Р	М	Е	О	М
Р	С	Я	Е	Е	Р	Т	М	О	Е	Щ	І	К	Т	І
А	Е	Х	В	Р	Е	К	К	В	А	Ш	Ж	О	И	Н
У	Л	А	Х	Ш	Н	Р	С	О	Ь	У	Н	Л	В	И
У	Е	Р	К	Щ	Е	А	Ю	Л	М	Ц	А	О	З	Щ
К	Н	Ь	Д	І	І	Г	З	С	Н	К	Р	Г	О	Г
Є	Н	Т	У	Б	Й	А	М	И	Ж	Ж	О	І	Р	У
Ю	Я	В	В	В	Ь	В	Т	М	Р	Щ	Д	Ч	Ф	Р
В	Ч	Е	Н	И	Й	У	У	О	Л	К	Н	Н	Ц	Я
Е	Д	Н	Х	Ю	Ю	О	Д	Р	П	Б	И	І	Щ	Д
Р	И	И	Ц	Р	Т	Г	А	П	Р	І	Й	Щ	Ф	А

АРКТИЧНИЙ
УВАГА
ЗМІНИ
КЛІМАТ
КРИЗА
РОЗВИТОК
ДАНІ
ЕКОЛОГІЧНІ
ЕНЕРГІЯ
МАЙБУТНЄ
ГАЗ
ПОКОЛІННЯ
УРЯД
ПРОМИСЛОВОСТІ
МІЖНАРОДНИЙ
ЗАРАЗ
НАСЕЛЕННЯ
ВЧЕНИЙ

51 - Ballet

Т	Р	Ж	Ю	Я	Ь	Я	Г	Ф	В	Р	И	А	І	Ч
Е	Р	Е	Е	Р	Х	Л	Ь	Л	И	Т	С	У	М	Е
Х	И	Ь	П	С	Ш	Ґ	Л	Ш	Р	С	І	Д	Х	Ю
Н	Т	Р	Ь	Е	Т	О	Щ	Я	А	Е	Щ	И	У	Х
І	М	Щ	Н	А	Т	П	О	У	З	К	У	Т	Д	Ґ
К	Ш	С	А	К	Ч	И	В	А	Н	Р	Ц	О	О	К
А	Ш	Ц	К	И	Н	З	Ц	Л	И	О	А	Р	Ж	О
Е	Б	М	П	З	Е	Я	С	І	Й	Ю	І	І	Н	М
И	Ж	М	К	У	Щ	М	И	Л	Я	Е	Ч	Я	І	П
У	Я	В	І	М	Т	П	О	Е	Р	А	А	Г	Й	О
Б	А	Л	Е	Р	И	Н	А	Н	Ф	С	И	М	В	З
К	П	Я	І	Ф	А	Р	Г	О	Е	Р	О	Х	Ю	И
Б	И	У	О	П	Л	Е	С	К	И	Р	Е	Л	І	Т
В	И	Т	О	Н	Ч	Е	Н	И	Й	Х	П	У	О	О
Т	А	Н	Ц	Ю	Р	И	С	Т	І	В	Ю	В	П	Р

ОПЛЕСКИ
ХУДОЖНІЙ
БАЛЕРИНА
ХОРЕОГРАФІЯ
НАВИЧКА
КОМПОЗИТОР
ТАНЦЮРИСТІВ
ВИРАЗНИЙ
ЖЕСТ
ВИТОНЧЕНИЙ
М'ЯЗИ
МУЗИКА
ОРКЕСТР
АУДИТОРІЯ
РЕПЕТИЦІЯ
РИТМ
СОЛО
СТИЛЬ
ТЕХНІКА

52 - Fruit

И	Ц	Д	Р	Л	Г	Б	М	Д	П	О	Є	К	Л	Ґ
А	Д	Д	Ґ	Г	К	Ь	Ф	Я	И	Г	І	Ф	И	М
В	Й	А	Б	Р	И	К	О	С	І	Н	Є	Ґ	М	Б
А	И	В	М	О	Д	А	К	О	В	А	Я	П	О	А
Н	В	Ш	Ь	Р	Ц	Ш	У	О	І	М	Й	Е	Н	Н
В	Е	У	Н	Х	Б	У	Л	Ь	К	А	А	Р	Д	А
Щ	Ж	К	И	Я	Ж	Р	Б	Е	Т	Н	П	С	Е	Н
Ґ	Н	Ґ	Т	Е	М	Г	Я	Ш	Ш	А	А	И	Ш	Щ
Д	А	Б	Х	А	Н	И	Л	А	М	Н	П	К	Г	С
О	Р	Д	Ґ	Д	Р	Р	Я	В	Г	А	Є	Х	Е	О
К	О	В	Г	О	Х	И	Ґ	А	Р	С	У	Т	А	Ч
Д	Є	Ґ	Ь	Г	К	В	Н	У	А	Ф	Б	О	Я	Х
Г	П	И	Ґ	Я	Д	А	Р	Г	О	Н	И	В	Ґ	Я
Ч	Ж	М	Р	Ш	П	І	У	Т	Х	Ш	А	К	Е	П
О	С	Ш	І	Х	Н	Г	Щ	Л	Т	Ш	И	Г	С	І

АБРИКОС
АНАНАС
АВОКАДО
ЯГОДА
БАНАН
ВИШНЯ
ЛИМОН
ФІГ
МАЛИНА
ГУАВА
КІВІ
МАНГО
ДИНЯ
НЕКТАРИН
ОРАНЖЕВИЙ
ПАПАЙЯ
ПЕРСИК
ГРУША
ЯБЛУКО
ВИНОГРАД

53 - Musique

Г	М	У	З	И	Ч	Н	И	Й	У	Д	С	К	Е	Ц
Р	А	Р	М	В	Я	С	Ю	Т	Х	Х	П	Л	О	О
Ч	И	Р	Л	І	Р	И	Ч	Н	И	Й	І	А	А	Е
Г	Ч	Т	М	Т	О	П	И	Е	Н	И	В	С	Л	Р
Н	Х	Б	М	О	Ґ	А	Ж	М	Й	Н	А	И	Ь	О
Ґ	К	Е	Ь	Щ	Н	З	М	У	І	Ч	Т	Ч	Б	П
Б	А	Л	А	Д	А	І	Н	Р	Н	И	И	Н	О	Е
Ш	В	О	Е	Х	П	Ь	Я	Т	О	Т	Г	И	М	Р
М	І	К	Р	О	Ф	О	Н	С	М	Е	Е	Й	Ш	А
Ф	П	Ш	Ґ	Е	Д	О	Ґ	Н	Р	О	Б	Ц	Г	А
К	С	Е	Х	Ь	Ж	Р	М	І	А	П	В	А	І	Ц
В	О	К	А	Л	Ь	Н	И	Й	Г	Т	Ь	П	Ш	Є
Ґ	А	Р	М	Е	Л	О	Д	І	Я	Е	І	В	Ч	К
Р	И	Т	М	І	Ч	Н	И	Й	Ж	М	Ш	Ц	Х	Т
М	У	З	И	К	А	Н	Т	Щ	Т	П	Ґ	У	О	Ц

АЛЬБОМ
БАЛАДА
СПІВАТИ
СПІВАК
КЛАСИЧНИЙ
ЗАПИС
ГАРМОНІЯ
ГАРМОНІЙНИХ
ІНСТРУМЕНТ
ЛІРИЧНИЙ
МЕЛОДІЯ
МІКРОФОН
МУЗИЧНИЙ
МУЗИКАНТ
ОПЕРА
ПОЕТИЧНИЙ
РИТМ
РИТМІЧНИЙ
ТЕМП
ВОКАЛЬНИЙ

54 - Météo

А	Ц	Ю	Я	Ц	Р	Я	Я	С	Т	А	М	І	Л	К
К	Т	Н	О	Б	Е	Н	І	У	Е	Л	Д	П	Д	П
Л	В	М	Н	У	Н	У	Ф	Х	М	Є	Р	С	К	О
Е	І	Т	О	Р	Д	Ь	У	І	П	В	Ш	Р	У	С
С	Т	Є	С	С	Б	Р	И	З	Е	В	К	О	Т	У
Е	Е	Є	У	Х	Ф	Й	И	Н	Р	Я	Л	О	П	Х
В	Р	Ж	М	А	Г	Е	П	Н	А	Г	А	Р	У	А
Й	И	Н	Ч	І	П	О	Р	Т	Т	К	В	Е	Б	Ч
Т	Є	Е	Ч	С	Х	С	Т	А	У	Ґ	Г	О	Щ	Ц
О	О	М	Х	М	А	Р	А	Х	Р	Ф	О	М	Т	Г
Х	Г	Р	Л	Л	Е	Ч	Е	Г	А	А	Я	Є	О	Є
Р	М	Ф	Н	Т	У	М	А	Н	Р	Е	Х	Т	Х	Ш
Г	К	Н	В	А	Ґ	Е	К	Л	И	И	Б	В	К	І
Ь	Щ	Ц	С	У	Д	І	Л	Ж	І	Є	М	Ю	Є	А
Й	И	Н	Й	І	К	О	П	С	Ґ	Д	І	Т	Б	Ц

ВЕСЕЛКА
АТМОСФЕРА
БРИЗ
ТУМАН
СПОКІЙНИЙ
НЕБО
КЛІМАТ
ЛІД
МУСОН
ХМАРА
УРАГАН
ПОЛЯРНИЙ
СУХІ
ПОСУХА
ТЕМПЕРАТУРА
БУР
ГРИМ
ТОРНАДО
ТРОПІЧНИЙ
ВІТЕР

55 - L'Entreprise

П	П	Р	О	Д	У	К	Т	І	Т	Щ	П	Ж	И	М
Р	М	Ж	И	А	И	Ґ	Д	Ч	Е	П	Р	Н	Д	Я
О	Ч	Г	Я	А	Є	Ґ	О	Ш	Н	С	О	А	В	М
М	І	Я	Л	Д	Е	М	Х	Н	Д	А	Ф	В	П	Ц
И	Н	Ч	К	О	О	П	І	И	Е	Б	Е	Ь	Р	Т
С	В	Ь	Е	І	Б	Я	Д	Б	Н	І	С	Р	Е	Г
Л	Е	П	Т	А	С	А	Є	Я	Ц	З	І	Е	З	Р
О	С	Р	Я	С	Р	Т	Л	Е	І	Н	Й	С	Е	И
В	Т	О	Я	Ц	І	Ф	Ь	Ь	Ї	Е	Н	У	Н	З
О	И	Г	Ю	Х	Ш	В	А	Ж	Н	С	И	Р	Т	И
С	Ц	Р	М	У	Е	П	И	Ж	Ґ	И	Й	С	А	К
Т	І	Е	Е	И	Н	Н	Е	Л	І	М	Й	И	Ц	И
І	Ї	С	Е	И	Н	Б	О	И	Ж	В	Ч	Н	І	Х
Ь	Т	С	І	Т	Я	Н	Й	А	З	О	Г	Т	Я	Ю
Т	В	О	Р	Ч	И	Й	Б	Б	Т	Ш	М	Т	Х	П

БІЗНЕС
ТВОРЧИЙ
РІШЕННЯ
ЗАЙНЯТІСТЬ
ГЛОБАЛЬНИЙ
ПРОМИСЛОВОСТІ
ІНВЕСТИЦІЇ
МОЖЛИВІСТЬ
ПРЕЗЕНТАЦІЯ
ПРОДУКТ
ПРОФЕСІЙНИЙ
ПРОГРЕС
ЯКІСТЬ
РЕСУРСИ
ДОХІД
РИЗИКИ
ТЕНДЕНЦІЇ

56 - Gouvernement

Г	Р	Щ	Д	Ґ	Р	Л	І	П	Ц	Л	Р	В	М	Р
Р	О	А	Д	О	Б	О	В	С	Р	Є	Щ	Я	И	Р
О	Х	І	Й	С	К	У	Т	М	П	А	Г	Щ	Р	Р
М	Ц	Т	Ш	О	С	Я	С	П	С	Г	В	Б	Н	І
А	Щ	А	У	Я	Н	Н	Е	Л	В	О	М	А	О	В
Д	Д	Е	М	О	К	Р	А	Т	І	Я	В	Н	М	Н
Я	М	Е	Ф	Ю	Р	Ц	С	Т	А	Н	Я	У	Ь	І
Н	О	К	А	З	Ц	К	И	Н	Т	Я	М	А	П	С
С	Д	Я	Н	Н	Е	Р	О	В	О	Г	Б	О	Б	Т
Т	Й	И	Н	Ь	Л	А	Н	О	І	Ц	А	Н	А	Ь
В	Ж	У	Ь	Т	С	І	Н	Ж	Е	Л	А	З	Е	Н
О	С	У	Д	О	В	О	Ї	Ш	Б	Д	Ь	Н	И	Т
П	О	Л	І	Т	И	К	А	Р	Т	Б	С	Н	С	У
К	О	Н	С	Т	И	Т	У	Ц	І	Я	Ц	Ц	И	Ц
М	Н	А	Ц	І	Я	С	И	М	В	О	Л	М	И	Й

ГРОМАДЯНСТВО
ЦИВІЛЬНИЙ
КОНСТИТУЦІЯ
ДЕМОКРАТІЯ
МОВЛЕННЯ
ОБГОВОРЕННЯ
РАЙОН
ПРАВА
РІВНІСТЬ
СТАН
НЕЗАЛЕЖНІСТЬ
СУДОВОЇ
СВОБОДА
ЗАКОН
ПАМ'ЯТНИК
НАЦІЯ
НАЦІОНАЛЬНИЙ
МИРНО
ПОЛІТИКА
СИМВОЛ

57 - Randonnée

О	В	Ж	П	Ь	Ю	И	К	Е	П	З	Е	Б	Е	Н
Р	Ґ	О	Ч	Р	Й	К	Б	Е	Б	Т	Ж	І	Ц	Ч
І	Т	Е	Д	Д	И	И	И	Ц	М	А	М	Ч	Н	О
Є	В	А	І	А	К	Р	Ь	Ж	Ш	П	Ю	Ч	О	Б
Н	А	Т	Ч	Е	И	П	О	Щ	Р	Т	І	Є	С	О
Т	Р	В	К	Ц	Д	І	И	Д	К	О	Н	Н	А	Т
А	И	А	Д	К	В	Д	А	Щ	А	Ж	Е	Е	Г	И
Ц	Н	І	А	Ц	Т	Г	А	П	Ь	І	М	К	У	Т
І	Г	О	Р	А	О	О	Й	И	К	Ж	А	В	Я	С
Я	Ґ	Д	Ю	К	М	Т	А	М	І	Л	К	К	Р	Ч
С	А	М	І	Т	И	О	П	О	Г	О	Д	А	Г	П
К	Д	Ґ	С	У	В	В	Е	Д	І	Х	П	У	Ж	Ц
П	А	Р	К	И	С	К	С	М	Ф	А	І	Я	Ж	М
И	Т	Р	І	В	Я	А	А	У	Ю	Д	І	Ь	Р	Щ
Ф	К	А	Р	Т	А	Р	И	Т	Ш	Х	Д	Т	Х	Х

ТВАРИН
ЧОБОТИ
КЕМПІНГ
КАРТА
КЛІМАТ
НЕБЕЗПЕКИ
ВОДА
ВТОМИВСЯ
ВАЖКИЙ
ПОГОДА
ГОРА
ПРИРОДА
ОРІЄНТАЦІЯ
ПАРКИ
КАМЕНІ
ПІДГОТОВКА
ДИКИЙ
СОНЦЕ
САМІТ

58 - Nutrition

А	Т	Д	І	Є	Т	А	Я	И	Г	І	Р	К	И	Й
Ї	Р	Р	М	Ж	Н	И	С	К	О	Т	Ч	І	Н	Ф
С	Ґ	О	А	Ж	А	В	Щ	Л	І	Щ	М	У	З	Ґ
Т	Ґ	К	М	В	Е	Ь	Ц	І	Ц	С	Щ	И	Д	Р
І	А	В	Е	А	Л	П	А	Б	Ч	У	Т	А	О	І
В	А	Ь	Д	Б	Т	Е	Є	Є	Ь	О	Т	Ь	Р	Д
Н	П	В	А	Г	А	Р	Н	С	К	С	Я	Ь	О	И
И	Е	С	А	Н	М	Я	Г	Н	Т	І	П	У	В	Н
Й	Т	С	П	Е	Ц	І	Ї	А	Я	Ь	Ч	П	Я	И
Й	И	В	О	Р	О	Д	З	К	А	Л	О	Р	І	Й
М	Т	М	П	Х	Б	Р	О	Д	І	Н	Н	Я	Г	А
З	Б	А	Л	А	Н	С	О	В	А	Н	И	Й	І	Ґ
Ц	Щ	П	В	У	Г	Л	Е	В	О	Д	І	В	Р	Ч
В	І	Т	А	М	І	Н	Ч	Ю	Х	Л	Х	Р	П	У
І	К	К	С	Щ	С	Ю	Л	Г	Ц	Р	Я	Ц	Ч	Ж

ГІРКИЙ
АПЕТИТ
КАЛОРІЙ
ЇСТІВНИЙ
ДІЄТА
ТРАВЛЕННЯ
СПЕЦІЇ
ЗБАЛАНСОВАНИЙ
БРОДІННЯ
ВУГЛЕВОДІВ
РІДИНИ
ВАГА
БІЛКИ
ЯКІСТЬ
ЗДОРОВИЙ
ЗДОРОВ'Я
СОУС
АРОМАТ
ТОКСИН
ВІТАМІН

59 - Créativité

Н	Ф	Р	Л	Ь	У	Я	В	А	І	Ю	З	Я	В	А
Х	А	Л	Л	У	Е	Ж	Ф	Т	Н	Ь	О	С	Щ	В
У	Є	Т	Д	В	Ч	П	С	У	Т	Т	Б	Н	Ш	Т
Д	И	І	Х	Я	И	Є	Ц	Г	У	С	Р	І	Ж	Е
О	Н	С	Ґ	Н	Р	Р	М	Ф	Ї	І	А	С	Ц	Н
Ж	А	Я	Н	Н	Е	Ч	А	Б	Ц	Н	Ж	Т	С	Т
Н	В	Г	І	Е	П	Н	И	З	І	В	Е	Ь	П	И
І	И	Г	К	Ж	Щ	О	Н	У	Я	И	Н	В	О	Ч
Й	Ч	Т	Л	А	В	Р	Ч	Я	К	С	Н	І	Н	Н
Е	К	С	Р	Р	П	Ґ	П	У	К	Н	Я	Д	Т	І
Н	А	Ю	Щ	В	Т	П	С	В	Т	Е	М	Ч	А	С
П	Л	И	Н	Н	І	С	Т	Ь	Ф	Т	Є	У	Н	Т
Д	Р	А	М	А	Т	И	Ч	Н	І	Н	Я	Т	Н	Ь
Е	М	О	Ц	І	Ї	Е	Д	І	Л	І	Т	Т	И	Ґ
Л	Т	Х	Є	М	О	Ц	Г	А	Р	Б	Є	Я	Й	О

ХУДОЖНІЙ
АВТЕНТИЧНІСТЬ
ЯСНІСТЬ
НАВИЧКА
ДРАМАТИЧНІ
ВИРАЗ
ЕМОЦІЇ
ПЛИННІСТЬ
ІДЕЇ
ЗОБРАЖЕННЯ
УЯВА
ВРАЖЕННЯ
НАТХНЕННЯ
ІНТЕНСИВНІСТЬ
ІНТУЇЦІЯ
ВІДЧУТТЯ
ПОЧУТТЯ
СПОНТАННИЙ
БАЧЕННЯ

60 - Science Fiction

Р	Е	А	Л	І	С	Т	И	Ч	Н	И	Й	Р	Р	У
Ф	С	К	У	С	Ь	Н	О	Г	О	В	Т	О	Р	М
У	Ц	И	К	Ц	В	І	Л	Л	И	Х	У	Б	И	В
Т	Е	Т	А	П	Г	І	П	Є	Ч	Н	И	О	А	Д
У	Н	К	Р	У	К	І	Т	Х	К	В	К	Т	Д	У
Р	А	А	О	Ь	І	М	О	М	А	В	Ж	И	Д	Р
И	Р	Л	Я	Л	А	Н	Т	И	У	Т	О	П	І	Я
С	І	А	Т	Е	Н	А	Л	П	У	Я	В	Н	И	Й
Т	Й	Г	Т	А	Є	М	Н	И	Ч	И	Й	Ц	І	І
И	І	Л	Ю	З	І	Я	І	Р	Р	І	Х	І	Ч	К
Ч	М	Ш	Я	Н	Т	Е	Х	Н	О	Л	О	Г	І	Я
Н	Ф	А	Н	Т	А	С	Т	И	Ч	Н	И	Й	В	Н
И	У	Т	О	П	І	Я	У	Ч	Н	Ь	І	Т	У	Н
Й	А	Ш	Ц	А	Т	О	М	Н	И	Й	Ф	Ж	Ф	Ц
Є	П	А	П	А	Ш	С	О	П	С	Ч	Щ	Ж	Ч	П

АТОМНИЙ
КІНО
АНТИУТОПІЯ
ВИБУХ
ФАНТАСТИЧНИЙ
ВОГОНЬ
ФУТУРИСТИЧНИЙ
ГАЛАКТИКА
ІЛЮЗІЯ
УЯВНИЙ
КНИГИ
СВІТ
ТАЄМНИЧИЙ
ОРАКУЛ
ПЛАНЕТА
РЕАЛІСТИЧНИЙ
РОБОТИ
СЦЕНАРІЙ
ТЕХНОЛОГІЯ
УТОПІЯ

61 - Professions #1

Ю	В	Т	П	Ф	Л	А	Д	В	О	К	А	Т	Ш	І
В	Ч	Р	І	Р	І	К	Н	А	Б	Є	Ю	Ь	Т	А
Е	Е	Е	А	Щ	К	Б	П	Ш	Щ	Ч	Ц	Ц	Б	С
Л	Н	Н	Н	И	А	Р	Т	С	Е	С	Д	Е	М	Т
І	И	Е	І	Я	Р	Г	Я	Б	Є	Т	Ч	В	В	Р
Р	Й	Р	С	В	О	К	Е	И	В	Ю	Р	И	Ґ	О
Г	Ч	О	Т	К	Т	П	А	О	Р	Ю	М	Л	Х	Н
О	Ф	І	Е	С	К	Ц	О	Р	Л	И	Р	С	Щ	О
Л	О	С	О	П	А	Н	М	Ж	Т	О	Д	И	Л	М
О	Х	А	Ґ	Я	Д	Ш	С	Ф	Е	О	Г	М	О	Ь
Х	І	Ц	К	Д	Е	Ф	Ґ	Ю	Ф	Ж	Г	П	А	Я
И	Ь	Т	С	И	Р	Ю	Ц	Н	А	Т	Н	Р	У	Ю
С	А	Н	Т	Е	Х	Н	І	К	Д	Ю	П	И	А	Г
П	В	Е	Т	Е	Р	И	Н	А	Р	У	М	Ш	К	Ф
М	У	З	И	К	А	Н	Т	Р	Н	О	О	О	А	Ч

ПОСОЛ
АСТРОНОМ
АДВОКАТ
БАНКІР
ЮВЕЛІР
КАРТОГРАФ
МИСЛИВЕЦЬ
ТАНЦЮРИСТ
ТРЕНЕР
РЕДАКТОР
ГЕОЛОГ
МЕДСЕСТРА
ЛІКАР
МУЗИКАНТ
ПІАНІСТ
САНТЕХНІК
ПОЖЕЖНИК
ПСИХОЛОГ
ВЧЕНИЙ
ВЕТЕРИНАР

62 - Géologie

С	А	А	О	П	Е	С	К	Р	Г	В	Ю	К	Е	К
У	І	И	Л	А	Т	С	И	Р	К	Л	П	О	Г	Ч
Н	Й	Л	С	Т	А	Л	А	К	Т	И	Т	Н	Є	С
Ґ	І	А	Ь	С	Е	Б	Е	О	Б	Є	С	Т	Ґ	Б
Р	Ц	Р	А	В	К	Р	Е	З	Й	Е	Г	И	В	У
К	Ь	Е	Л	А	В	А	О	Ц	С	Х	Ґ	Н	Ф	К
Ґ	Л	Н	П	Л	А	Т	О	З	П	П	А	Е	Н	Ю
Р	А	І	А	Н	О	З	І	Л	І	Є	К	Н	Ю	К
Ґ	К	М	Т	А	Т	Д	Я	У	О	Я	В	Т	Ь	М
С	Р	К	О	Р	А	Л	О	В	И	Й	У	Я	Н	К
Ш	И	Р	Л	О	Ь	Б	Ч	Г	В	Т	Л	О	І	Х
Я	Л	Х	С	Ь	Х	Я	І	Е	У	П	К	Ю	М	Ф
Т	Н	Й	И	Н	П	О	К	И	В	Ф	А	Ш	А	Р
К	Ь	Є	К	П	Е	Ч	Е	Р	А	Ю	Н	Щ	К	Е
С	Т	А	Л	А	Г	М	І	Т	И	Н	Ц	С	Ґ	Р

КИСЛОТА
КАЛЬЦІЙ
ПЕЧЕРА
КОНТИНЕНТ
КОРАЛОВИЙ
ШАР
КРИСТАЛИ
ЕРОЗІЯ
ВИКОПНИЙ
ГЕЙЗЕР
ЛАВА
МІНЕРАЛИ
КАМІНЬ
ПЛАТО
КВАРЦ
СІЛЬ
СТАЛАКТИТ
СТАЛАГМІТИ
ВУЛКАН
ЗОНА

63 - Jardin

Д	Ґ	Р	П	Г	И	А	Ґ	Х	Ж	Н	П	Ґ	Г	Щ
І	Л	Б	А	Р	Г	Є	А	Т	Ш	А	С	Р	А	Є
О	В	Е	Р	Е	Д	О	В	Щ	Г	А	В	У	Р	Е
А	І	У	К	Щ	А	В	А	Р	Т	Р	Ж	Н	А	Т
Ґ	Н	Е	А	Є	С	Ш	Л	А	Н	Г	К	Т	Ж	Х
Ф	Я	Н	Н	И	Й	Л	О	З	А	О	Ф	У	В	И
О	Р	И	Л	І	И	Ж	Ґ	Г	Л	С	З	Т	Щ	С
Т	У	Т	А	Б	В	Л	Ь	Т	К	Г	І	А	Ц	А
М	Б	Ь	Є	Х	О	Ц	О	И	Ґ	О	Н	К	Г	Д
І	І	І	Р	А	Т	Є	Г	П	К	І	Е	Т	Х	П
Б	Р	Ц	Е	Х	К	С	О	Л	А	Ю	Д	І	А	Ч
Т	Х	Г	Ж	Ч	У	І	Я	Б	А	Т	Ж	В	Ч	Є
М	Ш	У	М	У	Р	Ґ	С	Я	С	Ь	А	К	Ф	Ш
П	Ц	Ш	Е	М	Ф	Т	Е	Р	А	С	А	Ц	Р	Д
И	Т	Н	В	С	Т	А	В	О	К	А	М	А	Г	Ц

ДЕРЕВО
ЛАВА
КУЩ
ПАРКАН
СТАВОК
КВІТКА
ГАРАЖ
ГАМАК
ТРАВА
САД
БУР'ЯНІВ
ЛОПАТА
ГАЗОН
ГРАБЛІ
ҐРУНТ
ТЕРАСА
БАТУТ
ШЛАНГ
ФРУКТОВИЙ САД
ЛОЗА

64 - Santé et Bien Être #1

А	В	А	Т	С	О	П	Р	Е	Ф	Л	Е	К	С	К
М	К	Ч	С	Е	Ш	В	И	М	М	Ц	И	Б	Ч	І
І	А	Т	О	С	И	В	И	М	А	Д	Б	Р	Д	С
Б	Р	И	И	В	Б	Ц	Х	Р	Т	Є	А	Я	О	Т
М	Д	Ж	З	В	Я	Н	Н	А	В	У	К	І	Л	К
В	Е	І	Я	П	Н	Л	Ц	К	К	У	Т	П	О	И
Р	І	Д	М	Г	Б	И	Ц	І	Л	Ф	Е	А	Г	Н
Л	С	Р	И	К	М	П	Й	Л	І	Ю	Р	Р	Л	О
К	Б	Л	У	Ц	Х	А	П	З	Н	В	І	Е	К	М
Ч	Н	В	Ф	С	И	Ч	П	В	І	О	Ї	Т	Е	Р
Т	Р	А	В	М	А	Н	А	И	К	Р	Ь	Р	К	О
А	П	Т	Е	К	А	М	А	Ч	А	Л	Є	Є	Ц	Г
П	Е	Р	Е	Л	О	М	Ш	К	Р	С	К	Е	Н	Ф
Ю	Ґ	М	Ж	І	Б	Ґ	Р	А	Р	І	К	Ш	С	Є
К	Ю	Ф	Ш	П	Ц	Ж	Ф	Ж	С	К	Ч	Щ	А	С

АКТИВНИЙ
БАКТЕРІЇ
ТРАВМА
КЛІНІКА
ГОЛОД
ПЕРЕЛОМ
ЗВИЧКА
ВИСОТА
ГОРМОНИ
ЛІКАР
МЕДИЦИНА
М'ЯЗИ
КІСТКИ
ШКІРА
АПТЕКА
ПОСТАВА
РЕФЛЕКС
ТЕРАПІЯ
ЛІКУВАННЯ
ВІРУС

65 - Barbecues

Д	Я	Р	Р	Ф	Ц	Х	С	М	А	С	Д	К	С	І
О	І	Ж	О	Н	Ь	П	А	Ґ	Ф	Ч	М	Ф	В	М
Л	Р	Т	М	И	Х	Є	Л	Ц	О	У	В	С	Х	Н
О	А	К	И	З	У	М	А	О	В	О	Ч	І	М	М
Г	С	У	О	С	Ц	Р	Т	Ф	Т	К	У	Р	К	А
К	М	Р	О	Б	І	Д	И	Ш	Г	І	Я	Р	Ж	Н
П	Ю	Ф	Г	А	Р	Я	Ч	Е	О	Б	Л	Ц	Д	И
П	Т	Г	Т	У	Г	Р	И	Л	Ь	Д	Я	С	В	Д
Є	Е	Х	Х	Ц	М	І	Р	І	П	Ж	Ц	Ф	Д	О
Р	Е	Р	Д	Я	Г	Ґ	О	Г	Щ	С	И	М	Є	Р
Ш	Р	Н	Е	Ж	І	Н	Д	Р	В	І	Б	Ґ	Г	Щ
О	М	Р	С	Ц	Л	М	І	И	Ц	Л	У	Ч	Є	У
П	Ц	Ц	Щ	О	Ь	Ь	М	Н	Д	Ь	Л	Н	Ґ	Т
Ф	Ш	Н	И	Н	Ю	Щ	О	Ч	Е	У	Я	Я	Щ	Є
В	Е	Ч	Е	Р	Я	Н	П	Ш	Д	Л	Ж	У	Є	Ь

ГАРЯЧЕ
НОЖІ
ОБІД
ВЕЧЕРЯ
ДІТИ
ЛІТО
ГОЛОД
РОДИНА
ФРУКТ
ГРИЛЬ
ІГРИ
ОВОЧІ
МУЗИКА
ЦИБУЛЯ
ПЕРЕЦЬ
КУРКА
САЛАТИ
СОУС
СІЛЬ
ПОМІДОРИ

66 - Forêt Tropicale

А	Ц	І	Н	Н	И	Й	Г	У	К	Ц	П	Г	Д	З
Д	М	Ц	О	Ш	Б	М	Ш	П	Л	А	Г	Щ	П	Б
Ф	В	Ф	Е	У	І	Є	Ґ	Р	І	В	Ь	И	С	Е
К	Р	К	І	Ц	В	А	С	С	М	І	Х	Ф	Г	Р
О	С	І	Я	Б	М	Е	К	Б	А	Б	М	О	О	Е
М	В	І	І	Г	І	Ч	Ь	О	Т	И	А	Н	Ґ	Ж
А	С	Х	Ц	У	Р	Ї	Ю	Р	Р	Ш	Р	І	В	Е
Х	О	П	А	Щ	П	О	Ж	Ґ	Г	І	И	Л	М	Н
А	Д	О	Р	И	Р	П	М	Т	К	К	Н	Г	О	Н
Г	Ж	Ґ	В	Т	М	Б	Я	А	С	Я	Ш	Н	Х	Я
А	Я	П	А	Х	Н	К	Я	Щ	Д	Б	Ґ	У	І	Б
В	И	Д	Т	Б	Е	М	У	И	Р	А	Ґ	Ж	М	С
О	Ш	В	С	П	Р	И	Т	У	Л	О	К	Д	С	Г
П	Ю	И	Е	Б	О	Т	А	Н	І	Ч	Н	И	Й	К
Б	Щ	О	Р	П	Т	А	Х	В	Ф	Ц	В	Ю	Б	Т

АМФІБІЇ
БОТАНІЧНИЙ
КЛІМАТ
ГРОМАДА
ВИД
КОРІННІ
КОМАХ
ДЖУНГЛІ
ССАВЦІ
МОХ
ПРИРОДА
ХМАРИ
ПТАХ
ЦІННИЙ
ЗБЕРЕЖЕННЯ
ПРИТУЛОК
ПОВАГА
РЕСТАВРАЦІЯ

67 - Insectes

М	К	М	С	Ґ	К	Ц	Р	Б	А	Б	І	Щ	Є	Є
Ж	О	У	М	Я	О	И	Л	Щ	Ж	Г	А	С	О	Х
Ф	Н	Р	А	Ц	М	К	Г	А	Я	Є	Ґ	Б	Е	Ю
Х	И	А	И	И	А	А	К	Н	И	Ч	И	Л	К	К
Р	К	Х	Ш	Л	Р	Д	Ж	Н	А	Х	О	Л	Б	А
О	Д	А	Ф	Е	Н	А	Г	Р	А	Т	В	А	Ґ	У
Б	А	Л	Я	П	Р	Ч	С	А	Р	А	Н	А	Я	Є
А	Р	О	Г	О	І	Ш	Щ	И	Ж	У	К	Є	Ю	Ь
К	Щ	Ж	Ь	П	К	Ф	Е	М	У	У	И	Р	С	Ш
У	І	Д	Н	Н	Ю	Ж	Л	Н	С	Ж	Л	Ь	Т	П
Е	Д	Б	Ш	Б	І	В	Х	І	Ь	Ю	Е	Ч	Ф	Ь
Б	О	Г	О	М	О	Л	Є	І	У	Д	Т	Е	Ю	Т
К	К	Г	Л	І	Ю	Т	В	О	К	Ч	Е	Н	О	С
Т	Е	Р	М	І	Т	Ь	Х	Е	І	О	М	Є	Б	Ч
К	Я	Ф	Ш	Я	Б	Н	Є	Ж	Т	Д	К	У	Ь	Л

БДЖОЛА
ТАРГАН
ЦИКАДА
СОНЕЧКО
САРАНА
МУРАХА
ШЕРШЕНЬ
ОСА
ЛИЧИНКА
БАБКА
БОГОМОЛ
ГНАТ
КОМАР
МЕТЕЛИК
БЛОХА
ПОПЕЛИЦЯ
КОНИК
ЖУК
ТЕРМІТ
ХРОБАК

68 - Ferme #1

Н	Т	В	О	Д	А	К	Ш	І	К	Б	Л	Ш	А	Я
Г	И	Ю	Д	Н	Е	П	Л	У	Т	Д	Ж	А	Х	І
Є	Д	Є	С	Ю	І	З	У	Б	Р	Ж	К	П	Є	Ш
Х	Д	И	Щ	П	Н	С	О	М	К	О	О	П	Ц	Ю
П	А	Р	К	А	Н	Т	Ф	Я	І	Л	Р	В	Е	Т
Ь	Д	Я	И	З	К	Т	Ь	И	К	А	О	О	Л	С
Р	И	С	Д	О	Б	Р	И	В	О	Т	В	Р	О	А
Б	И	Н	Т	К	Д	М	У	Е	Б	Е	А	О	П	П
Б	И	Н	Я	Щ	Н	А	П	К	Щ	Л	П	Н	У	Б
Т	Ч	З	Щ	В	І	У	К	М	Г	Я	У	А	Р	К
А	Ф	Г	О	Р	Я	Т	Ь	Р	Ш	Г	Ц	М	Ц	Я
Я	Я	Р	Ж	Я	Х	Н	Н	И	Ж	М	Л	Е	С	О
У	С	А	С	В	И	Н	Я	К	І	Н	Ь	Д	О	Ґ
В	І	Я	С	Ґ	Х	Я	Ж	О	Ь	Б	Д	Е	У	С
К	Ж	Х	Е	Р	Б	Щ	В	П	К	И	Ц	К	Ю	Б

БДЖОЛА
ОСЕЛ
ЗУБР
ПОЛЕ
КІШКА
КІНЬ
КОЗА
ПЕС
ПАРКАН
СВИНЯ
ВОРОНА
ВОДА
ДОБРИВО
СІНО
МЕД
КУРКА
РИС
ЗГРАЯ
КОРОВА
ТЕЛЯ

69 - Antarctique

Л	Ь	О	Д	О	В	И	К	І	В	Ц	Ґ	Й	Р	Б
М	К	О	Н	Т	И	Н	Е	Н	Т	Б	С	И	Я	У
О	І	Т	О	П	О	Г	Р	А	Ф	І	Я	В	Н	Х
С	Л	Г	У	Ґ	У	Ф	И	Є	Г	Ю	Ц	О	Н	Т
Т	І	Д	Р	Я	І	Ц	И	Д	Е	П	С	К	Е	А
Р	Д	А	Х	А	Т	П	Т	Н	О	Б	Ф	У	Ж	Ш
І	Л	Ь	Ь	И	Ц	В	И	С	Г	Ж	В	А	Е	Ґ
В	І	Т	И	К	І	І	М	Л	Р	П	О	Н	Р	Ґ
Х	И	С	Ч	Ш	Я	Р	Я	У	А	Т	Д	Ґ	Е	Ж
С	К	Е	Л	Я	С	Т	И	Й	Ф	Р	А	Ф	Б	Т
Д	Ж	І	І	П	І	С	Ч	А	І	Я	Е	А	З	П
Н	М	Ч	Є	П	Е	О	Ю	Є	Я	П	П	Н	Б	І
Н	К	С	Е	Щ	И	В	О	Д	Е	Р	Е	С	І	Ф
Н	А	К	И	Н	Д	І	Л	С	О	Д	Е	Ч	Ч	М
Е	Є	Л	В	Ь	Х	П	О	Д	Ц	Є	Є	П	Н	Д

БУХТА
КИТІВ
ДОСЛІДНИК
ЗБЕРЕЖЕННЯ
КОНТИНЕНТ
ВОДА
СЕРЕДОВИЩЕ
ЕКСПЕДИЦІЯ
ГЕОГРАФІЯ
ЛІД

ЛЬОДОВИКІВ
ОСТРІВ
МІГРАЦІЯ
МІНЕРАЛИ
ПТАХ
ПІВОСТРІВ
СКЕЛЯСТИЙ
НАУКОВИЙ
ТОПОГРАФІЯ

70 - Professions #2

Б	Я	А	Ш	О	Т	Ь	Л	Е	Т	И	Ч	В	З	А
А	І	Ч	Ж	К	И	Н	Д	І	Л	С	О	Д	О	Ц
С	С	Б	Р	Ф	Н	Х	Н	Ц	К	Ж	П	Ж	О	Ц
Т	А	І	Л	Б	І	О	Л	О	Г	А	Щ	Ф	Л	Ь
Р	Д	Л	У	І	И	П	І	Л	О	Т	Р	У	О	Х
О	І	Ю	Х	І	О	Ф	І	Л	О	С	О	Ф	Г	Ч
Н	В	С	І	Л	Ц	Т	Х	У	Д	О	Ж	Н	И	К
А	Н	Т	Н	С	Н	С	Е	Ч	О	Л	М	П	О	Є
В	И	Р	Ж	Х	И	І	Ф	К	О	Є	П	Л	Р	Б
Т	К	А	Е	Г	О	Л	О	Т	А	М	О	Т	С	С
Щ	Щ	Т	Н	Ю	Ш	А	К	Щ	Г	Р	У	Р	І	Х
Ф	Ь	О	Е	К	И	Н	Д	І	Х	А	Н	И	В	Ж
П	В	Р	Р	Ф	А	Р	Г	О	Т	О	Ф	Ф	Я	Г
Щ	И	Д	Д	И	П	У	Д	Е	Т	Е	К	Т	И	В
Ц	Д	Т	Б	Я	Т	Ж	Л	І	Н	Г	В	І	С	Т

АСТРОНАВТ
БІБЛІОТЕКАР
БІОЛОГ
ДОСЛІДНИК
ХІРУРГ
СТОМАТОЛОГ
ДЕТЕКТИВ
ВЧИТЕЛЬ
ІЛЮСТРАТОР
ІНЖЕНЕР
ВИНАХІДНИК
САДІВНИК
ЖУРНАЛІСТ
ЛІНГВІСТ
ЛІКАР
ХУДОЖНИК
ФІЛОСОФ
ФОТОГРАФ
ПІЛОТ
ЗООЛОГ

71 - Les Abeilles

Ф	Е	В	У	Л	И	К	И	Н	Ь	Л	И	П	А	З
Т	К	У	Р	Ф	Я	С	Ж	Ґ	І	С	В	Я	Ж	Ґ
І	О	Р	С	К	Ь	І	Ф	К	М	В	И	Н	Ї	Б
В	С	Л	Ф	В	Р	В	О	А	И	Г	Г	Т	И	В
Ц	И	Є	Л	І	П	І	Ю	В	Е	Ш	І	Ж	Б	Ф
Т	С	Д	Л	Т	У	И	Й	Е	О	Д	Д	О	Г	Е
Ч	Т	А	И	И	Ч	О	Л	Л	Х	М	Н	Ґ	Є	Е
Б	Е	С	Н	М	Е	Ц	Н	О	С	Е	И	Д	Б	С
Ц	М	Л	И	Ш	П	Ч	М	Р	К	Д	Й	Е	Л	Л
Е	А	Ш	Л	Ю	Е	И	Д	О	І	Т	Є	И	И	А
М	Л	К	С	У	Б	О	Ш	К	Ш	Д	Ф	Н	Е	Я
Ш	И	Я	О	Ш	Б	Ю	Є	К	Ш	А	Е	Ґ	Ь	І
К	Р	Е	Р	Ґ	Ж	Я	Ш	Р	Д	У	Ь	Ч	Щ	Ф
Н	К	В	В	Л	М	Ь	М	Ш	В	А	М	Р	А	Д
К	Ж	Д	І	К	Б	И	М	П	К	О	М	А	Х	А

КРИЛА
ВИГІДНИЙ
ВІСК
РІЙ
ЕКОСИСТЕМА
ЦВІТ
КВІТИ
ФРУКТ
ДИМ
КОМАХА
САД
МЕД
ЇЖА
РОСЛИНИ
ПИЛОК
ЗАПИЛЬНИК
КОРОЛЕВА
ВУЛИК
СОНЦЕ

72 - Santé et Bien Être #2

Ж	Л	И	Ц	П	Ж	У	Т	А	Б	О	Р	О	В	Х
Т	Я	І	Ц	К	Е	Ф	Н	І	П	Ш	Ґ	Я	О	Х
З	І	Я	Н	Н	Е	Н	Д	О	В	Е	Н	З	Р	А
Д	Г	Л	Г	Е	Н	Е	Т	И	К	А	Т	Ґ	К	Р
О	Р	Д	О	М	А	С	А	Ж	Ж	Ц	Ґ	И	Ж	Ч
Р	Е	Ш	Ф	У	Б	Ь	Н	Є	Л	Т	Д	С	Т	У
О	Л	Н	Ц	Б	С	А	Є	Ц	Н	С	Б	Є	Ґ	В
В	А	В	А	Г	А	Я	І	Г	Р	Е	Н	Е	К	А
И	Л	У	Ж	Я	У	П	Г	Р	Е	Р	Д	Ф	В	Н
Й	І	Д	Ш	П	І	Я	І	М	О	Т	А	Н	А	Н
Д	К	Р	В	Щ	Ф	Р	Г	Ю	Н	С	Р	Т	М	Я
Ш	А	Ц	В	І	Д	Н	О	В	Л	Е	Н	Н	Я	У
Я	Р	Ю	О	Р	Ч	Е	Б	Л	Д	О	Щ	Є	Ґ	Н
Ш	Н	І	М	А	Т	І	В	О	А	Я	Р	П	Н	Ц
Ь	Я	Б	Ф	Ч	И	П	Х	Ю	Ц	К	Д	М	Н	Н

АЛЕРГІЯ
АНАТОМІЯ
АПЕТИТ
КАЛОРІЯ
ТІЛО
ЗНЕВОДНЕННЯ
ЕНЕРГІЯ
ГЕНЕТИКА
ЛІКАРНЯ
ГІГІЄНА
ІНФЕКЦІЯ
ХВОРОБА
МАСАЖ
ХАРЧУВАННЯ
ВАГА
ВІДНОВЛЕННЯ
ЗДОРОВИЙ
КРОВ
СТРЕС
ВІТАМІН

73 - Conduite

М	Д	Д	Ш	Ч	В	Я	П	Є	С	Г	Ц	В	М	Ф
Ш	О	О	Я	Ц	Б	Щ	Я	А	А	А	М	М	Ш	Ж
В	Ґ	Т	Р	О	Т	О	М	Б	Л	З	К	Т	Р	Т
И	В	Л	О	О	М	Л	К	Ю	У	И	Т	Т	Ч	Ч
Д	Г	І	Т	Ц	Г	О	Н	Ю	Ж	Щ	В	Ч	Ш	С
К	А	Ц	Р	П	И	А	Ґ	Ґ	К	І	Д	О	А	І
І	Л	Е	А	І	А	К	В	І	Ж	А	Т	Н	А	В
С	Ь	Н	Н	Ш	П	І	Л	Б	А	Н	А	Д	К	І
Т	М	З	С	О	О	Ф	Я	Ц	Р	П	В	В	Е	Ш
Ь	А	І	П	Х	Л	А	Т	Р	А	К	А	И	П	Ь
Л	Ц	Я	О	І	І	Р	Я	І	Г	П	Р	Т	З	Е
Е	Ь	К	Р	Д	Ц	Т	Ж	Ь	Б	Ф	І	Є	Е	Н
Н	Є	Я	Т	К	І	Р	Щ	О	Е	В	Я	С	Б	Ь
У	И	Т	Н	Ю	Я	Н	Е	Б	Е	З	П	Е	К	А
Т	А	В	Т	О	М	О	Б	І	Л	Ь	К	С	И	Я

АВАРІЯ
ВАНТАЖІВКА
ПАЛИВО
КАРТА
НЕБЕЗПЕКА
ГАЛЬМА
ГАРАЖ
ГАЗ
ЛІЦЕНЗІЯ
МОТОР
МОТОЦИКЛ
ПІШОХІД
ПОЛІЦІЯ
ДОРОГА
БЕЗПЕКА
ТРАФІК
ТРАНСПОРТ
ТУНЕЛЬ
ШВИДКІСТЬ
АВТОМОБІЛЬ

74 - Plantes

В	І	Щ	Ю	Ш	У	А	К	Ш	Д	Д	И	Р	Т	Р
Ц	Я	Є	А	Я	Е	Я	В	В	В	О	Е	И	І	О
И	Ц	Д	О	Щ	І	Ґ	І	Б	Ь	Б	Ж	К	Г	С
С	Я	Е	О	К	П	Є	Т	К	С	Р	Т	Т	Ф	Л
Ь	Ф	Р	Я	Б	Д	Щ	К	О	Ю	И	Щ	У	Л	И
А	Р	Е	Ф	М	А	В	А	Р	Т	В	А	Є	О	Н
С	Ь	В	Л	Ц	С	В	І	І	Щ	О	Е	П	Р	Н
Т	Ш	О	У	П	Б	Р	І	Н	У	У	Р	І	А	І
Щ	Е	Ж	Ю	Г	Х	О	М	Ь	Д	Ґ	Е	І	Ж	С
В	Ю	Г	А	І	У	К	Т	Б	А	М	Б	У	К	Т
Н	Г	Л	І	С	Л	Т	А	А	Д	О	Г	Я	П	Ь
И	С	Е	П	Ч	Г	Ч	Є	К	Н	Р	О	С	Т	И
П	Е	Л	Ю	С	Т	К	А	С	Т	І	М	А	В	Ю
У	Е	Е	Н	Д	Р	У	Я	И	Щ	У	К	М	Ґ	Я
К	В	А	С	О	Л	Я	Т	С	И	Л	С	А	В	Щ

ДЕРЕВО
ЯГОДА
БАМБУК
БОТАНІКА
КУЩ
КАКТУС
ДОБРИВО
ЛИСТЯ
КВІТКА
ФЛОРА
ЛІС
РОСТИ
КВАСОЛЯ
ТРАВА
САД
ПЛЮЩ
МОХ
ПЕЛЮСТКА
КОРІНЬ
РОСЛИННІСТЬ

75 - Ferme #2

К	Ґ	Ь	М	И	Л	Р	Щ	А	Б	С	А	Р	А	Й
Р	У	Ш	А	О	Е	А	Я	Ч	П	Н	С	Е	М	Ґ
Б	З	К	Н	Н	Л	Ц	М	І	А	Ш	О	М	Ц	М
І	Р	С	У	И	Ь	О	Я	А	С	Р	Ю	Р	Г	Ж
Л	О	Х	Ю	Р	Ф	В	К	Д	Т	І	Л	Е	Ь	А
У	Ш	Я	И	А	У	А	Щ	О	У	О	И	Ф	С	Х
Г	Е	Ч	Н	В	В	Д	П	К	Х	Ф	Р	У	К	Т
Ї	Н	М	В	Т	Ц	К	З	Т	Р	А	К	Т	О	Р
Ж	Н	І	В	У	Л	И	К	А	Ц	К	І	П	Л	Є
А	Я	Н	Г	Я	Т	Р	М	С	Ю	А	Ж	Ш	Н	Щ
Г	Ц	Ь	Р	У	Щ	Ц	І	П	Б	Ч	Ь	Е	Ь	Б
У	В	А	Ґ	Е	Є	Ф	П	Ь	Т	К	Е	Н	А	К
Б	І	Є	Ь	Х	У	Л	Е	Ю	І	А	Р	И	О	Ч
П	В	Р	У	Х	С	Т	Щ	Ь	М	А	П	Ц	Г	Т
О	В	О	Ч	Л	Р	Р	М	У	Є	О	Є	Я	Н	Л

ЯГНЯ
ФЕРМЕР
ТВАРИН
ПАСТУХ
ПШЕНИЦЯ
КАЧКА
ФРУКТ
САРАЙ
ЗРОШЕННЯ
МОЛОКО
ЛАМА
ОВОЧ
КУКУРУДЗА
ВІВЦЯ
ЇЖА
ЯЧМІНЬ
ЛУГ
ВУЛИК
ТРАКТОР

76 - Vacances #2

Ц	П	Д	Ц	Я	О	Ш	П	О	М	С	І	А	Г	А
И	Н	Р	К	Я	П	Т	О	С	О	Ю	Н	Е	Ю	Ш
Н	У	А	И	И	Н	П	Ї	Т	Р	І	О	Р	О	Є
С	С	Ю	Щ	З	Х	К	З	Р	Е	І	З	О	Б	Ь
Д	В	Ш	К	Ф	Н	Ф	Д	І	К	Е	Е	П	Р	Д
А	Ж	Я	Л	П	К	А	А	В	Р	Ш	М	О	О	Т
І	Д	Н	Т	Ж	С	З	Ч	К	О	Ш	Е	Р	Н	Р
Ґ	Х	Ь	Е	О	Д	І	Ґ	Е	Ю	Ґ	Ц	Т	Ю	А
В	Ц	У	М	Ж	С	В	Є	П	Н	Б	Ь	Р	В	Н
А	Ь	Ґ	А	Т	Р	А	К	Т	Є	Н	Є	О	А	С
Г	Л	А	Н	Я	Ж	Є	Б	А	Є	Х	Я	П	Н	П
К	Е	М	П	І	Н	Г	С	К	Б	І	О	С	Н	О
Д	Т	Г	Н	А	Р	О	Т	С	Е	Р	А	А	Я	Р
Ж	О	Р	О	Д	О	П	І	І	Ч	Ь	Ю	П	Ф	Т
Ц	Г	Д	О	З	В	І	Л	Л	Я	Е	М	Щ	И	Б

АЕРОПОРТ
КЕМПІНГ
КАРТА
ПРИЗНАЧЕННЯ
ІНОЗЕМЕЦЬ
ГОТЕЛЬ
ОСТРІВ
ДОЗВІЛЛЯ
МОРЕ
ПАСПОРТ
ПЛЯЖ
РЕСТОРАН
БРОНЮВАННЯ
ТАКСІ
НАМЕТ
ПОЇЗД
ТРАНСПОРТ
СВЯТО
ВІЗА
ПОДОРОЖ

77 - Temps

Щ	Ш	Ч	К	Т	З	М	Г	В	С	М	С	Р	Р	Б
М	Х	С	Ш	Н	А	Р	О	Ч	В	І	К	І	Ч	В
Д	А	Р	І	К	Р	Й	Д	П	Ж	С	О	Ю	Щ	М
І	Н	Й	Р	А	А	Б	И	Ь	У	Я	Р	Ь	С	Ч
В	И	Є	Б	У	З	Ь	Н	Н	К	Ц	О	И	У	Ю
Ш	Д	С	Ж	У	У	Ґ	Н	Е	Ч	Ь	Н	Е	Д	Н
П	О	Д	Ж	П	Т	Ш	И	Д	Ш	І	Н	К	Ш	Т
Н	Г	У	А	С	Ф	Н	К	У	Х	І	Р	А	Е	С
Х	В	И	Л	И	Н	А	Є	Л	Ю	Н	К	О	Щ	І
К	А	Л	Е	Н	Д	А	Р	О	Ю	К	Щ	К	Щ	У
Т	И	Ж	Д	Е	Н	Ь	В	П	Ж	Т	М	Х	І	Б
Д	Е	С	Я	Т	И	Л	І	Т	Т	Я	С	І	Р	І
Н	П	І	С	Л	Я	Т	Т	І	Л	О	Т	С	И	Ґ
В	І	И	Р	Ч	Е	Є	Ж	О	Ю	И	А	С	Д	Я
Щ	М	Ч	Є	Г	Р	А	Н	О	К	С	Д	Щ	О	К

РІК
ЩОРІЧНИЙ
ПІСЛЯ
ДО
СКОРО
КАЛЕНДАР
ДЕСЯТИЛІТТЯ
МАЙБУТНЄ
ГОДИНА
ВЧОРА
ГОДИННИК
ДЕНЬ
ЗАРАЗ
РАНОК
ПОЛУДЕНЬ
ХВИЛИНА
МІСЯЦЬ
НІЧ
ТИЖДЕНЬ
СТОЛІТТЯ

78 - Immigration

О	З	Н	Н	Д	Н	В	Р	Є	А	М	Ґ	Ґ	Г	Д
З	Ф	В	Є	Ф	Ч	Л	Я	А	В	В	О	Я	А	О
А	Т	І	Я	Ж	О	Ю	Н	Ч	О	М	Ц	В	Ф	К
Т	Ф	Ґ	Ц	З	К	А	Т	С	И	Х	А	З	А	У
В	І	Ь	П	Е	К	С	Е	Е	Т	Я	Г	К	Н	М
Е	Н	К	С	Ч	Р	И	Р	Ц	І	Н	О	Т	Х	Е
Р	А	О	И	Д	Ж	Р	М	О	Д	Ь	М	Г	С	Н
Д	Н	Р	Т	О	Ю	О	І	Р	Ю	Є	О	К	П	Т
Ж	С	Г	У	Р	В	В	Н	П	Е	Ь	П	А	Н	И
Е	У	Р	А	В	Е	О	О	Ш	Ю	Х	О	П	П	А
Н	В	Ч	Ц	В	І	Г	К	В	Ю	Л	Д	Н	Є	Р
Н	А	Щ	І	Е	Е	Е	А	Р	І	Ш	Е	Н	Н	Я
Я	Н	П	Я	Ц	У	Р	З	Д	О	Р	О	С	Л	І
С	Н	Я	Х	В	Ч	Е	И	Щ	Ш	Ж	И	Т	Л	О
У	Я	І	Г	Ґ	У	П	С	Т	Р	Е	С	С	Г	И

ДОРОСЛІ
ДОПОМОГА
ЗАТВЕРДЖЕННЯ
ЗВ'ЯЗКИ
ТЕРМІН
ДОКУМЕНТИ
ДІТИ
ФІНАНСУВАННЯ
МОВА
ЖИТЛО
ЗАКОН
ПЕРЕГОВОРИ
ОФІЦЕР
ПРОЦЕС
ЗАХИСТ
СИТУАЦІЯ
РІШЕННЯ
СТРЕС

79 - Maison

Ч	Т	Ж	Л	С	Р	Д	С	Ґ	Ь	С	Г	Р	К	И
Л	Ф	Ш	А	П	Г	В	Ц	Н	Ь	Ь	У	Ь	Х	К
Щ	Л	А	М	Т	Р	Е	Щ	И	Р	О	Г	С	Я	М
Д	У	Ш	П	Ь	В	Р	Д	А	Х	Ф	А	А	Ч	Ф
К	Ц	В	А	Ю	Ф	І	Ч	Ю	Л	К	Т	Д	В	Ф
Д	О	Ч	Ф	Б	І	Б	Л	І	О	Т	Е	К	А	Ш
Т	І	М	С	Г	А	Р	А	Ж	Ш	И	Ю	П	Ь	К
К	Ж	Ш	Щ	Т	Щ	М	Є	Г	А	Ґ	С	И	О	В
О	У	Т	Ш	А	І	П	Є	Ж	С	С	Т	Е	Л	Я
М	Ц	Х	Щ	Ц	В	Н	І	М	А	К	А	Ф	А	Х
И	К	Ф	Н	Ґ	Т	А	А	Л	Т	І	М	У	К	Р
Л	О	Д	О	Я	Ґ	К	В	І	К	Н	О	Ф	Р	Х
И	Ж	У	П	И	О	Р	Ш	Т	О	Р	И	Б	Е	С
К	І	Ґ	П	Ж	К	А	Т	А	Н	М	І	К	З	О
Х	Ь	В	М	П	Д	П	А	Н	Ц	О	В	Ц	Д	Ю

МІТЛА
БІБЛІОТЕКА
КІМНАТА
КАМІН
КЛЮЧІ
ПАРКАН
КУХНЯ
ДУШ
ВІКНО
ГАРАЖ
ГОРИЩЕ
САД
ЛАМПА
ДЗЕРКАЛО
СТІНА
СТЕЛЯ
ДВЕРІ
ШТОРИ
КИЛИМОК
ДАХ

80 - Légumes

Л	Я	Л	Е	І	Г	І	В	У	М	В	М	С	Б	А
О	М	Ц	Ю	Т	О	Л	А	Ш	Ь	Н	Ц	А	А	Р
Е	Ш	Д	М	М	Р	И	Г	І	Ф	І	Т	Л	К	Т
І	М	Б	И	Р	О	А	Т	Г	Н	В	У	А	Л	И
Е	Є	Ч	Б	А	Х	К	О	Р	І	Г	О	Т	А	Ш
Г	Р	А	П	І	Р	Ш	Ш	И	Х	Ь	І	Е	Ж	О
О	Е	С	Ґ	Щ	О	Н	Ь	Б	А	Ф	Х	Т	А	К
Ґ	Д	Н	Ю	Ю	Л	Г	И	Є	Ґ	Т	Б	А	Н	Ж
Б	И	И	П	Ь	И	Щ	А	К	Ш	У	Р	Т	Е	П
Р	С	К	В	С	В	Ч	И	Р	Ш	Я	Я	С	В	Д
О	Н	С	А	В	К	Р	О	М	Б	Л	Е	Е	Т	Ф
К	І	Х	Х	Т	А	Н	И	П	Ш	У	Я	Л	Ґ	Р
О	Е	Г	Ю	Б	Н	І	Б	Г	Г	Б	З	Е	Я	П
Л	Т	П	О	М	І	Д	О	Р	В	И	Ь	Р	Ш	Е
І	Ю	П	О	Ч	У	С	Т	Ч	Ц	Ц	Р	А	К	Л

ЧАСНИК
АРТИШОК
БАКЛАЖАН
БРОКОЛІ
МОРКВА
СЕЛЕРА
ГРИБ
ГАРБУЗ
ОГІРОК
ШАЛОТ
ШПИНАТ
ІМБИР
РІПА
ЦИБУЛЯ
ОЛИВКА
ПЕТРУШКА
ГОРОХ
РЕДИС
САЛАТ
ПОМІДОР

81 - Famille

Ж	Ж	Г	П	М	С	Ґ	Щ	Щ	Х	Ґ	Ч	Ь	Р	Б
Ґ	Щ	Б	Р	А	Т	Е	В	О	Ф	Х	О	О	Ю	А
П	П	Ґ	Л	С	С	В	С	В	Е	Ш	Л	К	Ю	Б
М	Л	П	Р	Е	Д	О	К	Т	В	Ч	О	Ь	О	У
А	Я	Е	Г	Ш	А	Ш	Г	С	Р	Б	В	Д	Б	С
Т	М	М	М	Ґ	У	Н	Т	Н	В	А	І	Я	І	Я
Е	Ф	Ш	Д	І	П	Є	М	И	А	Н	К	Д	Б	Д
Р	Н	Л	В	Ш	Н	Ю	І	Т	В	И	И	Т	І	Д
И	Т	К	Л	С	Е	Н	Є	И	У	Т	Н	Ю	А	К
Н	С	Н	О	К	З	П	И	Д	Д	И	Н	Ґ	Г	Д
С	Щ	Ґ	К	И	У	Д	У	Ц	К	Д	І	Ж	К	Б
Ь	Х	А	Ь	А	К	Ч	О	Д	Я	П	М	Д	Ю	Х
К	М	А	Т	И	Ц	Ш	Л	У	О	Ґ	Е	М	Є	Д
И	Н	У	А	Н	И	Ж	У	Р	Д	Н	Л	У	Я	Я
Й	И	Н	Б	Т	І	Т	К	А	У	В	П	У	Ф	Ц

ПРЕДОК
КУЗЕН
ДИТИНСТВО
ДИТИНА
ДІТИ
ДРУЖИНА
ДОЧКА
БРАТ
БАБУСЯ
ДІД
ЧОЛОВІК
МАТЕРИНСЬКИЙ
МАТИ
ПЛЕМІННИК
ПЛЕМІННИЦЯ
ДЯДЬКО
БАТЬКО
СЕСТРА
ТІТКА

82 - Oiseaux

Я	В	Ш	В	Ф	Ж	Ц	Е	М	Є	О	Г	С	И	Л
Й	Н	Б	Ф	О	К	Н	Ч	Щ	Ґ	Ц	Р	И	И	Е
Ц	Ю	Б	Р	Л	Р	Р	М	А	І	Е	Я	Е	Я	Б
Е	К	Ь	Г	Т	В	О	М	К	П	Ю	И	Ь	Л	І
П	А	П	У	Г	А	П	Н	Ч	Ж	Л	Є	Ф	У	Д
Г	У	С	К	А	Ж	Е	Х	А	Щ	Х	Я	Л	З	К
Ф	Т	Х	О	Л	Ь	Л	А	К	Е	Л	Е	Л	О	А
Л	У	Х	Ь	П	Н	І	В	Г	Н	І	П	Ж	З	К
А	К	У	Є	А	Я	К	М	Ф	Я	Щ	Б	К	Б	Й
М	А	Е	Щ	В	Г	А	С	Т	Р	А	У	С	Ф	А
І	Н	Е	Л	И	Щ	Н	Р	П	Ч	К	Л	В	О	Ч
Н	Ф	Х	У	Ч	Ь	Ц	Е	Б	О	Р	О	Г	А	Т
Г	М	А	Г	С	Щ	Г	Ґ	Ц	Ц	У	Г	Ю	К	П
О	Ф	Я	Є	О	Н	И	Є	И	Я	К	Ф	Ю	Ш	В
Ю	Д	Ц	Т	Щ	І	М	Ж	Ц	У	Р	Х	П	П	Ц

ОРЕЛ
СТРАУС
КАЧКА
ЛЕЛЕКА
ГОЛУБ
ВОРОНА
ЗОЗУЛЯ
ЛЕБІДКА
ФЛАМІНГО
ЧАПЛЯ
ПІНГВІН
ГОРОБЕЦЬ
ЧАЙКА
ЯЙЦЕ
ГУСКА
ПАВИЧ
ПАПУГА
ПЕЛІКАН
КУРКА
ТУКАН

83 - Disciplines Scientifiques

П	М	Л	Б	Л	Ь	Ш	У	І	У	І	Щ	З	Я	С
Щ	Ґ	А	О	Я	І	Г	О	Л	О	І	Б	О	Р	О
М	А	С	Т	І	Е	Н	М	Ц	М	Є	І	О	Л	Ц
Г	К	Т	А	Г	М	К	Г	Н	Н	Л	Ф	Л	Ч	І
В	І	Р	Н	О	Р	Е	О	В	Ґ	Ж	Р	О	Ч	О
Я	М	О	І	Л	Ш	Л	Х	Л	І	Ґ	Щ	Г	А	Л
І	А	Н	К	О	Д	Ц	Р	А	О	С	С	І	Д	О
Г	Н	О	А	Х	Я	Б	Х	Г	Н	Г	Т	Я	Н	Г
О	И	М	П	И	Я	Л	Ь	И	И	І	І	И	Х	І
Л	Д	І	Щ	С	Н	Щ	Д	Ж	Є	П	К	Я	К	Я
О	О	Я	К	П	Я	Я	Я	І	М	О	Т	А	Н	А
І	М	У	Н	О	Л	О	Г	І	Я	І	М	І	Х	В
З	Р	Б	І	О	Х	І	М	І	Я	Ь	К	М	М	П
І	Е	М	І	Н	Е	Р	А	Л	О	Г	І	Я	І	М
Ф	Т	Г	О	Ж	Г	Г	Е	О	Л	О	Г	І	Я	Я

АНАТОМІЯ
АСТРОНОМІЯ
БІОХІМІЯ
БІОЛОГІЯ
БОТАНІКА
ХІМІЯ
ЕКОЛОГІЯ
ГЕОЛОГІЯ
ІМУНОЛОГІЯ
ЛІНГВІСТИКА
МЕХАНІКА
МІНЕРАЛОГІЯ
ФІЗІОЛОГІЯ
ПСИХОЛОГІЯ
СОЦІОЛОГІЯ
ТЕРМОДИНАМІКА
ЗООЛОГІЯ

84 - Maladie

С	Г	Д	Ч	З	С	Е	Р	Ц	Е	Р	З	Я	А	Ю
И	З	Ґ	И	А	А	І	Є	С	Ф	К	Д	Г	Л	У
Н	А	Т	О	Х	И	Р	Ь	К	Ц	Н	О	Л	Е	Е
Д	П	Е	Р	Н	А	О	А	Ч	Р	Н	Р	Е	Р	Ш
Р	А	Р	Й	С	Є	Л	Ц	З	Є	Д	О	Г	Г	Ч
О	Л	А	И	Т	Ю	І	Ь	Д	Н	Щ	В	Е	І	Е
М	Е	П	Н	Т	Л	Т	Ь	Н	Д	И	Я	Н	Я	Р
Г	Н	І	Ч	Ф	Ш	Ю	Є	Щ	И	Я	Й	Е	В	Е
Ч	Н	Я	І	Ф	Ю	Ч	Н	Ш	Н	Й	Щ	В	О	В
В	Я	В	Н	Б	К	Т	Ь	П	И	И	Е	И	Ф	Н
О	З	Д	О	Р	О	В	Ч	И	Й	К	І	Й	Ш	О
Н	Е	Й	Р	О	П	А	Т	І	Я	Б	Т	У	В	Ї
Е	І	Л	Х	Й	И	В	О	К	Д	А	П	С	А	Ф
Г	Е	Н	Е	Т	И	Ч	Н	І	Ц	Л	Ф	Р	І	Є
І	М	У	Н	І	Т	Е	Т	А	Я	С	І	Г	Ь	К

ЧЕРЕВНОЇ
АЛЕРГІЯ
ОЗДОРОВЧИЙ
ХРОНІЧНИЙ
ЗАРАЗНИЙ
ТІЛО
СЕРЦЕ
СЛАБКИЙ
ГЕНЕТИЧНІ
СПАДКОВИЙ
ІМУНІТЕТ
ЗАПАЛЕННЯ
НЕЙРОПАТІЯ
КІСТКИ
ЛЕГЕНЕВИЙ
ДИХАЛЬНИЙ
ЗДОРОВ'Я
СИНДРОМ
ТЕРАПІЯ

85 - Univers

Т	Н	О	З	И	Р	О	Г	У	Є	С	Р	Щ	А	Ь
З	Е	Я	А	С	Т	Е	Р	О	Ї	Д	Ф	Ж	Т	Щ
О	Я	Л	О	Р	Б	І	Т	А	С	О	Ж	Л	М	Ж
Д	Н	У	Е	Т	Е	М	Р	Я	В	А	Ю	Ь	О	Х
І	Н	К	Є	С	О	Й	И	Н	Ч	Я	Н	О	С	Н
А	Я	В	Д	А	К	И	Т	К	А	Л	А	Г	Ф	Е
К	О	І	И	Х	М	О	Н	О	Р	Т	С	А	Е	Б
Ф	Т	П	Б	Б	Р	К	П	Ц	Ь	Е	Д	Т	Р	О
А	С	Т	Р	О	Н	О	М	І	Я	К	О	О	А	О
Д	Е	Я	Ь	Ч	Г	Г	А	Д	І	В	В	Р	М	Р
Л	Ц	В	У	И	І	Л	Е	К	Е	А	Г	И	І	Е
Ф	Н	В	Ь	Ж	Ь	Ж	Ь	В	Ж	Т	О	Ш	С	Ц
К	О	С	М	І	Ч	Н	И	Й	Х	О	Т	К	Я	У
М	С	С	И	У	Е	А	М	В	Ч	Р	А	Ж	Ц	Н
Є	Ж	Л	С	Ц	Р	В	И	Д	И	М	И	Й	Ь	Ь

АСТЕРОЇД
АСТРОНОМ
АСТРОНОМІЯ
АТМОСФЕРА
НЕБО
КОСМІЧНИЙ
ЕКВАТОР
ГАЛАКТИКА
ПІВКУЛЯ
ГОРИЗОНТ
ШИРОТА
ДОВГОТА
МІСЯЦЬ
ТЕМРЯВА
ОРБІТА
СОНЯЧНИЙ
СОНЦЕСТОЯННЯ
ТЕЛЕСКОП
ВИДИМИЙ
ЗОДІАК

86 - Géographie

Н	А	І	Д	И	Р	Е	М	Ч	Г	Л	М	И	В	Т
Р	І	Ч	К	А	Е	Ш	И	Р	О	Т	А	Г	Є	Я
І	Х	Ш	Д	О	Г	В	Я	Х	Т	П	И	Т	Ж	И
І	П	Ч	Я	Є	І	Х	Я	І	С	І	П	Ш	Д	Е
Ґ	Ю	О	П	Е	О	Т	Р	Т	І	В	С	І	В	Ф
Н	І	К	Б	І	Н	Щ	Ф	І	М	Н	Е	В	Щ	І
А	У	Е	Т	Т	В	П	У	И	А	І	У	І	І	П
Г	Е	А	Ж	У	П	К	Х	М	Д	Ч	Х	Р	Е	Т
А	О	Н	Ч	Г	К	Н	У	В	И	С	О	Т	А	М
Т	Т	Р	З	А	Х	І	Д	Л	Ф	Х	К	С	Н	О
Л	М	Т	А	Л	Ь	Ф	Ф	Я	Я	Е	А	О	Ї	Р
А	Н	Е	Я	П	І	В	Д	Е	Н	Ь	Р	У	А	Е
С	К	О	Н	Т	И	Н	Е	Н	Т	П	Т	О	Р	У
Т	Е	Р	И	Т	О	Р	І	Я	Ґ	И	А	Ш	К	М
Ж	А	Ш	У	О	Ю	С	Ґ	Л	О	С	Ц	Ґ	А	Ц

ВИСОТА
АТЛАС
КАРТА
КОНТИНЕНТ
РІЧКА
ПІВКУЛЯ
ОСТРІВ
ШИРОТА
МОРЕ
МЕРИДІАН
СВІТ
ГОРА
ПІВНІЧ
ОКЕАН
ЗАХІД
КРАЇНА
РЕГІОН
ПІВДЕНЬ
ТЕРИТОРІЯ
МІСТО

87 - Danse

Н	Т	Й	Ь	Ц	В	Ц	М	А	В	М	Т	И	Р	Р
С	Ш	И	М	Ц	О	А	У	К	Т	И	А	Ш	Е	А
Я	О	Н	К	У	И	Д	З	А	І	С	Б	Ж	Н	Д
Б	И	Ч	П	О	Ф	И	И	Д	Л	Т	Л	В	Т	І
Ф	Б	И	М	А	Ц	Я	К	Е	О	Е	А	Ґ	Р	С
В	Щ	С	Р	В	П	Щ	А	М	Г	Ц	Г	О	А	Н
В	Є	А	В	А	Ц	Ю	Т	І	Е	Т	О	Ж	П	И
К	У	Л	Ь	Т	У	Р	А	Я	Щ	В	Д	А	Ю	Й
Т	П	К	Е	С	В	О	Ь	Д	У	О	А	Л	Б	Ж
Х	О	Р	Е	О	Г	Р	А	Ф	І	Я	Т	Ю	Н	Я
Р	П	А	І	П	Й	И	Н	Р	У	Т	Ь	Л	У	К
Л	У	В	И	Р	А	З	Н	И	Й	Ь	Ж	Ю	Л	П
С	Ш	Х	В	І	З	У	А	Л	Ь	Н	И	Й	Є	Ж
Е	М	О	Ц	І	Я	І	Ц	И	Т	Е	П	Е	Р	Ж
Т	Р	А	Д	И	Ц	І	Й	Н	И	Й	И	С	Ф	Х

АКАДЕМІЯ
МИСТЕЦТВО
ХОРЕОГРАФІЯ
КЛАСИЧНИЙ
ТІЛО
КУЛЬТУРА
КУЛЬТУРНИЙ
ВИРАЗНИЙ
ЕМОЦІЯ
БЛАГОДАТЬ
РАДІСНИЙ
РУХ
МУЗИКА
ПАРТНЕР
ПОСТАВА
РЕПЕТИЦІЯ
РИТМ
ТРАДИЦІЙНИЙ
ВІЗУАЛЬНИЙ

88 - Bâtiments

О	А	О	Л	А	Б	О	Р	А	Т	О	Р	І	Я	Ю
С	А	У	Б	Ч	Щ	И	Т	П	Д	В	Ф	М	Е	Д
У	Ш	Х	Д	С	А	Г	А	Ч	Ж	Т	А	У	Ф	К
П	І	И	А	А	Е	Г	Е	Н	У	С	Б	З	Н	Г
Е	Н	А	М	Е	Т	Р	Т	Л	Д	Ь	Р	Е	Р	О
Р	Т	І	Ж	А	Х	Ю	В	М	Р	Л	И	Й	Ц	Т
М	Ю	О	Є	С	Т	І	Л	А	К	О	К	Д	Р	Е
А	Н	І	Б	А	К	Ф	Ж	Д	Т	С	А	К	И	Л
Р	З	Щ	Т	Й	Д	Я	Е	В	Т	О	П	Т	Д	Ь
К	А	В	Е	Ж	А	Н	Х	Ф	О	П	Р	Ґ	Ц	В
Е	М	В	А	А	Л	Р	К	І	Н	О	Р	І	К	И
Т	О	Р	О	Р	О	А	А	К	С	М	Я	Г	Я	Н
В	К	С	Б	А	К	К	Т	С	Т	А	Д	І	О	Н
Ю	Е	И	Б	Г	Ш	І	К	В	А	Р	Т	И	Р	А
Ю	І	Ф	Т	П	М	Л	Є	П	А	Г	Л	Ю	М	Ч

ПОСОЛЬСТВО
КВАРТИРА
КАБІНА
ЗАМОК
КІНО
ШКОЛА
ГАРАЖ
САРАЙ
ЛІКАРНЯ
ГОТЕЛЬ
ЛАБОРАТОРІЯ
МУЗЕЙ
ОБСЕРВАТОРІЯ
СТАДІОН
СУПЕРМАРКЕТ
НАМЕТ
ТЕАТР
ВЕЖА
ФАБРИКА

89 - Livres

О	П	О	В	І	Д	А	Ч	Ф	К	Ч	М	П	І	П
І	С	Т	О	Р	І	Я	Я	Е	О	Х	В	Р	С	О
Н	Р	Н	У	О	Ч	І	І	І	Н	Ї	У	И	Т	Д
Д	М	О	У	Т	Х	Ц	Р	З	Т	Е	Н	Г	О	В
І	Г	С	М	В	Б	К	Е	В	Е	П	Ч	О	Р	І
В	О	Ь	І	А	У	Е	С	Щ	К	О	Ц	Д	И	Й
О	Х	Щ	Ю	О	Н	Л	У	Щ	С	П	П	А	Ч	Н
П	В	І	Р	Ш	О	О	О	Г	Т	Е	Б	Т	Н	І
Д	Б	К	В	Н	Т	К	Ф	И	В	Г	К	Д	И	С
І	Л	І	Т	Е	Р	А	Т	У	Р	Н	И	Й	Й	Т
В	С	Т	О	Р	І	Н	К	А	И	И	О	И	Л	Ь
Н	А	П	И	С	А	Н	А	І	Н	О	Ф	О	П	М
Г	У	М	О	Р	И	С	Т	И	Ч	Н	И	Й	Ф	Т
Щ	Н	Ч	И	Т	А	Ч	М	Ф	У	Л	Р	О	Н	В
Т	Р	А	Г	І	Ч	Н	И	Й	К	Ґ	В	П	М	А

АВТОР
ПРИГОДА
КОЛЕКЦІЯ
КОНТЕКСТ
ПОДВІЙНІСТЬ
НАПИСАНА
ЕПОПЕЇ
ІСТОРІЯ
ІСТОРИЧНИЙ
ГУМОРИСТИЧНИЙ
ЧИТАЧ
ЛІТЕРАТУРНИЙ
ОПОВІДАЧ
СТОРІНКА
ВІДПОВІДНІ
ВІРШ
ПОЕЗІЯ
РОМАН
СЕРІЯ
ТРАГІЧНИЙ

90 - Pays #2

Ч	Ж	Я	І	З	Е	Н	О	Д	Н	І	Н	Р	Ь	Б
Ю	Ь	І	Б	Ю	В	А	К	Ш	У	П	Х	Д	Р	Д
І	Т	Н	Ж	І	Щ	Е	О	І	И	Ц	Т	П	М	Х
С	М	Е	К	С	И	К	А	А	Л	Б	А	Н	І	Я
О	О	К	П	О	К	И	Ш	Є	Н	Щ	А	Ш	Л	Л
А	К	М	Х	Н	Л	Ю	П	А	К	И	С	Т	А	Н
Л	Л	Ц	А	Є	Г	И	Д	Л	К	С	У	Д	А	Н
Ц	Ч	Ґ	Ш	Л	О	І	А	К	Ь	И	Р	К	Я	У
Л	Е	Е	Ц	Я	І	Р	И	С	Ч	Л	Т	Ю	Н	Г
Я	М	А	Й	К	А	Н	Ї	А	Р	К	У	А	Є	А
І	Х	І	Ф	Ж	Г	Ю	Л	Л	Х	Р	Г	Ч	Й	Н
Н	О	Ь	Р	О	С	І	Я	І	Т	Ї	А	Г	Д	Д
А	І	Р	Л	А	Н	Д	І	Я	В	Х	Щ	Ц	Е	А
Д	Г	Н	Х	Щ	Х	И	Я	Д	Р	А	Ф	Д	Я	Е
Я	П	О	Н	І	Я	Ф	Ч	Я	І	Ц	Н	А	Р	Ф

АЛБАНІЯ
КИТАЙ
ДАНІЯ
ФРАНЦІЯ
ГАЇТІ
ІНДОНЕЗІЯ
ІРЛАНДІЯ
ЯМАЙКА
ЯПОНІЯ
КЕНІЯ
ЛАОС
ЛІВАН
МЕКСИКА
УГАНДА
ПАКИСТАН
РОСІЯ
СОМАЛІ
СУДАН
СИРІЯ
УКРАЇНА

91 - Fournitures d'Art

Е	М	Ь	Р	Х	У	В	А	К	Т	І	Щ	І	А	Т
К	Р	І	С	Л	О	Ш	К	О	И	Ь	Ф	Д	Т	В
П	А	С	Т	Е	Л	І	М	Л	А	Ф	Ж	Е	Ц	О
І	Р	Ф	Ц	С	Ж	Н	У	Ь	К	П	Р	Ї	И	Р
Ж	Е	О	А	Н	И	Л	Г	О	В	Д	Є	И	Н	Ч
П	М	Ж	Я	Р	Х	Ф	Ґ	Р	А	О	Л	І	Я	І
Х	А	О	Щ	О	Б	Ц	Л	И	Р	Л	Є	П	Т	С
К	К	Ц	Л	Т	С	И	В	С	Е	И	Ж	Б	И	Т
Ь	Л	Ф	Ц	І	О	Є	О	Ж	Л	Н	О	И	Т	Ь
У	У	Е	Є	Ц	В	Ь	Д	Т	І	Р	І	П	А	П
Ш	П	Ґ	Й	Ж	В	Ц	А	Л	Є	О	У	Ф	Т	Д
Т	А	Б	Л	И	Ц	Я	І	Н	Д	Ч	О	Г	Ф	І
А	К	Р	И	Л	О	В	И	Й	Щ	О	Т	Л	Б	Т
М	О	Л	Ь	Б	Е	Р	Т	Ж	Я	Т	П	М	Ф	П
Ґ	Х	Л	К	Б	Ч	С	Ґ	Щ	Р	Т	Я	Ю	М	Є

АКРИЛОВИЙ
АКВАРЕЛІ
ГЛИНА
ЩІТКА
КАМЕРА
КРІСЛО
МОЛЬБЕРТ
КЛЕЙ
КОЛЬОРИ
ОЛІВЦІ
ТВОРЧІСТЬ
ВОДА
ЧОРНИЛО
ГУМКА
ОЛІЯ
ІДЕЇ
ПАПІР
ПАСТЕЛІ
ФАРБИ
ТАБЛИЦЯ

92 - Jazz

К	Щ	Д	Ф	І	Ь	Т	Т	Л	Г	Ш	Ю	І	М	Х
К	О	Г	М	В	Ю	Р	Є	Й	Ч	Д	Я	В	Г	У
Ґ	Д	Н	Х	М	О	Д	Е	И	Я	Л	Є	Т	Й	Д
Т	П	Л	Ц	Б	Ц	Б	А	Р	А	Б	А	Н	И	О
О	І	С	К	Е	Т	Ш	Ц	А	Щ	Я	К	А	Н	Ж
К	С	К	Ґ	Д	Р	М	Н	Т	И	Ч	И	Л	А	Н
О	Н	Л	Ь	Л	И	Т	С	С	Р	П	З	А	Р	И
М	Я	А	Й	У	Й	И	В	О	Н	О	У	Т	Б	К
П	Щ	Д	И	Щ	Ь	Р	В	Ж	Л	Ь	М	Т	О	Г
О	Ю	Ч	М	О	Б	Ь	Л	А	В	О	Г	Ґ	Т	М
З	Н	Т	О	І	Т	Ч	О	Н	И	Е	Б	Ш	Е	Ґ
И	Ґ	В	Д	Ч	Ф	Б	Щ	Р	Т	С	Е	К	Р	О
Т	А	К	І	Н	Х	Е	Т	М	А	Ґ	Е	Щ	Щ	М
О	П	Ж	В	Ц	Ж	Х	Ц	Л	У	Ш	Ґ	К	Ф	С
Р	І	М	П	Р	О	В	І	З	А	Ц	І	Я	И	Я

АЛЬБОМ
ХУДОЖНИК
ВІДОМИЙ
ПІСНЯ
КОМПОЗИТОР
СКЛАД
КОНЦЕРТ
ОБРАНИЙ
ЖАНР
ІМПРОВІЗАЦІЯ
МУЗИКА
НОВИЙ
ОРКЕСТР
РИТМ
СОЛО
СТИЛЬ
ТАЛАНТ
БАРАБАНИ
ТЕХНІКА
СТАРИЙ

93 - Paysages

Г	О	Д	Н	В	Ж	Я	К	Р	К	Л	О	Д	С	О
П	Р	А	Р	Е	Ч	Е	П	Б	Ю	Ь	Г	О	Ґ	С
І	Р	Н	З	Е	Е	Д	Є	Р	О	П	Ц	Н	Д	Т
В	О	И	П	И	К	И	Ц	О	Р	Л	Ч	Ю	Б	Р
О	Б	Л	Ж	Е	С	Ь	Я	Г	Е	Р	О	М	В	І
С	Є	О	Ь	Ц	Я	Н	Є	А	З	К	О	Т	Ь	В
Т	Я	Д	Є	Ю	О	Л	Д	П	О	К	Д	П	О	Т
Р	Е	З	Й	Е	Г	Р	Е	Б	С	Й	А	У	Л	М
І	В	Ж	Т	Х	Ж	Х	І	А	Г	Ш	П	С	Ь	Ь
В	У	Т	Б	И	Е	Р	Ч	П	В	Г	С	Т	О	Л
Г	Л	У	Х	П	Е	М	І	Т	У	Ґ	О	Е	Д	И
О	К	Н	Т	С	В	Ю	С	Ч	В	Б	Д	Л	О	М
Р	А	Д	К	О	П	Л	Я	Ж	К	Щ	О	Я	В	А
А	Н	Р	К	Ч	Ч	Д	Е	А	Б	А	В	Ф	И	Н
С	Ь	А	І	Б	Ф	Л	П	Щ	У	Ь	Є	Щ	К	Д

ВОДОСПАД
ПАГОРБ
ПУСТЕЛЯ
ЛИМАН
РІЧКА
ГЕЙЗЕР
ЛЬОДОВИК
ПЕЧЕРА
АЙСБЕРГ
ОСТРІВ
ОЗЕРО
БОЛОТО
МОРЕ
ГОРА
ОАЗИС
ПІВОСТРІВ
ПЛЯЖ
ТУНДРА
ДОЛИНА
ВУЛКАН

94 - Pays #1

Х	Б	А	Ф	Г	А	Н	І	С	Т	А	Н	П	Е	Л
С	І	Р	М	А	Л	І	О	П	Є	Щ	С	Е	К	У
О	Щ	Д	А	У	Г	А	Р	А	К	І	Н	К	В	М
Ґ	Д	Т	Д	З	Ж	Е	Щ	Щ	П	А	В	К	А	Н
Л	Ґ	О	А	І	И	Е	И	Щ	Н	А	Д	Х	Д	Ч
Я	Ь	К	Н	Е	П	Л	Н	Ю	Н	Ф	Н	О	О	И
І	Ш	К	А	Ф	О	О	І	Ю	Я	М	Я	А	Р	Х
Н	З	О	К	И	Л	Ґ	П	Я	І	В	І	Л	М	Ч
А	Щ	Р	Т	Ц	Ь	Г	П	І	Г	Н	Д	У	Г	А
П	Е	А	А	Н	Щ	Ф	І	Н	Е	І	Н	Д	І	Я
С	Ґ	М	Ь	Ї	А	Ґ	Л	У	В	Ю	Я	Р	Є	Н
І	Р	С	В	Т	Л	Я	І	М	Р	Я	Л	У	П	Т
Ш	Д	Ц	Х	К	Г	Ь	Ф	У	О	І	Н	Ц	Д	Є
Ц	Г	О	Г	Ж	Г	Ґ	Д	Р	Н	О	І	П	Ш	І
Ь	А	Р	Г	Е	Н	Т	И	Н	А	Ч	Ф	Н	Г	М

АФГАНІСТАН
АРГЕНТИНА
БРАЗИЛІЯ
КАНАДА
ІСПАНІЯ
ЕКВАДОР
ФІНЛЯНДІЯ
ІНДІЯ
ІЗРАЇЛЬ
ЛІВІЯ
МАЛІ
МАРОККО
НІКАРАГУА
НОРВЕГІЯ
ПАНАМА
ФІЛІППІНИ
ПОЛЬЩА
РУМУНІЯ

95 - Nombres

Т	Ґ	Ь	У	Е	С	Ц	К	Ґ	Т	Т	У	Д	Ш	Ь
У	Ь	Ь	Т	Я	С	Е	Д	Ь	Х	Р	Й	В	І	Т
П	Я	Т	Н	А	Д	Ц	Я	Т	Ь	Ч	И	А	С	Ж
Ґ	С	Я	Я	Д	В	А	У	Я	Т	О	В	Н	Т	Г
Д	А	Ц	Б	В	К	Я	Я	Ц	Я	Т	О	А	Н	С
Т	Р	Д	Є	Т	Е	Ґ	Ц	Д	Ц	И	К	Д	А	І
І	Г	А	Ю	І	Є	Д	Р	А	Д	Р	Т	Ц	Д	М
Г	Щ	Н	Ш	І	С	Т	Ь	Н	А	И	Я	Я	Ц	Н
Ж	Ц	М	С	І	М	І	Т	Т	Н	С	С	Т	Я	А
У	Б	І	І	О	В	Я	Я	Я	И	Ц	Е	Ь	Т	Д
А	Х	С	Р	С	С	Л	Ц	В	Р	Ф	Д	Т	Ь	Ц
П	Ж	І	В	Т	І	Щ	Д	Е	Т	Я	П	Я	Л	Я
У	Т	В	С	Л	К	В	А	Д	Я	С	Щ	П	У	Т
И	Ф	Ф	И	Ц	Г	П	В	И	А	Р	Б	М	Н	Ь
Г	Ю	Ь	Ь	Т	Я	Ц	Д	А	Н	Р	И	Т	О	Ч

П'ЯТЬ
ДВА
ДЕСЯТКОВИЙ
ДЕСЯТЬ
ВІСІМНАДЦЯТЬ
ДЕВ'ЯТНАДЦЯТЬ
СІМНАДЦЯТЬ
ДВАНАДЦЯТЬ
ВІСІМ
ДЕВ'ЯТЬ

ЧОТИРНАДЦЯТЬ
ЧОТИРИ
П'ЯТНАДЦЯТЬ
ШІСТНАДЦЯТЬ
СІМ
ШІСТЬ
ТРИНАДЦЯТЬ
ТРИ
ДВАДЦЯТЬ
НУЛЬ

96 - Psychologie

Б	С	П	К	В	Щ	Д	С	Ф	Д	Л	П	Е	О	Д
Х	Л	Е	Р	О	І	Ґ	Ч	В	Н	Ю	И	Г	С	У
Х	С	Ь	О	Ф	Н	Д	І	В	С	О	Д	О	О	М
К	Е	Г	Є	Н	В	Ф	Ч	Ж	Ь	Н	Д	В	Б	К
У	Ь	Щ	П	Ц	Л	Н	Л	У	І	Ґ	Ш	Т	И	И
К	Н	Ґ	Ш	Н	В	Е	Я	І	Т	Ю	А	С	С	О
О	Ц	І	Н	К	А	С	Ш	П	К	Т	Я	Н	Т	П
Е	М	О	Ц	І	Ї	В	М	Ф	Ь	Т	Я	И	О	Р
Т	У	Є	П	Я	Е	І	Щ	Р	Ю	Ґ	Ґ	Т	С	О
Е	Ь	Р	Т	Ш	Д	Д	Ш	Ч	І	С	Г	И	Т	Б
Р	Ф	Т	Р	Е	І	О	Б	Е	В	Ї	С	Д	І	Л
А	Т	Л	Ж	П	Ц	М	А	В	В	М	Ч	В	О	Е
П	Ю	Ґ	Д	Щ	Й	И	Н	Ч	І	Н	І	Л	К	М
І	Я	Т	Т	Я	Н	Й	И	Р	П	С	К	С	Ч	А
Я	П	О	В	Е	Д	І	Н	К	А	С	Щ	Ґ	Г	Щ

КЛІНІЧНИЙ
ПОВЕДІНКА
КОНФЛІКТ
ЕГО
ДИТИНСТВО
ДОСВІД
ЕМОЦІЇ
ОЦІНКА
ІДЕЇ
НЕСВІДОМИЙ
ДУМКИ
СПРИЙНЯТТЯ
ОСОБИСТОСТІ
ПРОБЛЕМА
МРІЇ
ВІДЧУТТЯ
ТЕРАПІЯ

97 - Nature

Т	Е	Р	О	З	І	Я	У	Ґ	С	Б	Р	У	И	Ь
В	Щ	Н	Г	Ґ	Й	У	О	Ц	В	Е	І	Ч	С	П
А	А	Б	Ь	Р	И	Х	Л	В	Я	З	Ч	Д	О	Е
Р	И	М	Д	О	Н	Р	И	М	Т	Т	К	И	Є	Ж
И	Р	О	Г	Ж	Ч	Я	С	М	И	У	А	К	О	М
Н	Ц	Ю	Ь	Е	І	І	Т	І	Л	Р	Л	И	О	Д
Т	У	М	А	Н	М	Л	Я	Ґ	И	Б	Ь	Й	И	Н
И	О	П	С	Ю	А	Л	І	С	Щ	О	О	Я	В	Ц
Ц	Г	П	А	О	Н	Ш	М	Ч	Е	Т	Д	Г	Г	М
О	Т	Ж	Р	Ч	И	Ч	В	С	Х	Н	О	П	А	Ь
Е	Ж	Ь	К	Р	Д	Е	Р	Я	Ш	И	В	Н	Б	Х
А	Р	К	Т	И	Ч	Н	И	Й	С	Й	И	Б	Х	Н
П	Р	И	Т	У	Л	О	К	Щ	Ж	Я	К	Ч	Ц	В
Х	М	А	Р	И	Т	Р	О	П	І	Ч	Н	И	Й	О
Т	П	У	В	П	У	С	Т	Е	Л	Я	П	Ю	Щ	Н

БДЖІЛ
ПРИТУЛОК
ТВАРИН
АРКТИЧНИЙ
КРАСА
ТУМАН
ПУСТЕЛЯ
ДИНАМІЧНИЙ
ЕРОЗІЯ
ЛИСТЯ
РІЧКА
ЛІС
ЛЬОДОВИК
ГОРИ
ХМАРИ
МИРНО
СВЯТИЛИЩЕ
ДИКИЙ
БЕЗТУРБОТНИЙ
ТРОПІЧНИЙ

98 - Chimie

Г	И	Д	Р	К	Ч	І	І	И	Т	Д	Г	А	Ф	У
А	Щ	В	З	А	Г	А	О	І	Л	Ц	Ц	Щ	Щ	С
Р	Г	И	Р	Т	Й	И	Н	Р	Е	Д	Я	Ж	Є	Х
У	І	І	Ґ	А	Я	Л	Р	И	Л	У	Ж	Н	И	Й
Т	В	Ж	Щ	Л	А	А	О	О	Д	К	К	Ґ	Є	Ю
А	Я	Ч	К	І	Ч	Т	И	Н	Е	І	Я	Х	І	Щ
Р	Н	Л	А	З	Д	Е	Щ	Ь	У	С	Р	О	Л	Х
Е	А	Щ	Р	А	П	М	В	О	Д	Е	Н	Ь	Е	І
П	Л	Я	А	Т	О	Л	С	И	К	В	А	Г	А	У
М	У	Е	И	О	Ц	Ж	Т	Ш	Ґ	Т	Е	Ш	Р	В
Е	К	Б	К	Р	Я	К	Х	У	Ж	Т	Е	П	У	Ш
Т	Е	Ч	Ґ	Т	В	У	Г	Л	Е	Ц	Ь	П	Б	Ш
Ь	Л	І	С	Ь	Р	А	Т	О	М	Н	И	Й	Л	И
Ю	О	Щ	К	У	А	О	Ф	Е	Р	М	Е	Н	Т	О
Т	М	Ю	Ч	О	Ч	Ь	Н	Е	С	И	К	С	О	П

КИСЛОТА
ЛУЖНИЙ
АТОМНИЙ
ВУГЛЕЦЬ
КАТАЛІЗАТОР
ТЕПЛО
ХЛОР
ФЕРМЕНТ
ЕЛЕКТРОН
ГАЗ

ВОДЕНЬ
ІОН
РІДИНА
МЕТАЛИ
МОЛЕКУЛА
ЯДЕРНИЙ
КИСЕНЬ
ВАГА
СІЛЬ
ТЕМПЕРАТУРА

99 - Bateaux

Я	В	О	Х	К	Ґ	В	О	М	Г	Р	Ц	В	О	У
Є	І	Ю	Я	Ь	Х	Б	І	О	Ю	Ч	У	Ш	З	Ж
І	Т	Р	В	И	Л	П	И	Р	П	Л	І	Т	Е	Я
О	Р	Ш	Щ	Б	У	Й	П	С	Т	К	У	Ж	Р	К
К	И	Д	О	И	Ґ	Щ	Т	Ь	Ж	Ч	А	Д	О	І
Е	Л	Р	Г	Ь	Ґ	Л	І	К	Я	А	К	Н	Щ	Р
А	Ь	Ф	Л	П	М	Т	К	І	М	Н	П	Ш	О	Т
Н	Н	Ш	А	П	О	Д	В	Л	М	О	Щ	І	Ґ	Е
Т	И	Ц	Т	Ґ	Т	С	Ь	И	У	В	Р	О	К	Ь
Щ	К	Ф	Х	Х	У	Е	Ч	В	Л	Ж	Ю	Я	Ш	Е
Ш	У	Л	Я	Ш	З	Н	П	Х	С	И	Р	С	К	Р
В	И	Е	Б	К	К	Д	В	И	Г	У	Н	Х	Ф	О
Є	Н	Ф	Ґ	Е	А	Е	Ь	С	Е	Ц	М	М	Р	М
П	О	Р	О	М	И	А	К	Ґ	Ш	Т	Ж	И	М	Б
Д	Б	К	Г	Р	І	Ч	К	А	Ґ	О	В	Н	И	А

ЯКІР
БУЙ
КАНОЕ
МОТУЗКА
ЕКІПАЖ
ПОРОМ
РІЧКА
КАЯК
ОЗЕРО
ПРИПЛИВ
МОРЯК
ЩОГЛА
МОРЕ
ДВИГУН
МОРСЬКІ
ОКЕАН
ПЛІТ
ХВИЛІ
ВІТРИЛЬНИК
ЯХТА

100 - Mesures

Г	М	А	Р	Г	О	Л	І	К	Ч	М	О	Є	Є	Д
Ф	Л	Н	Н	Ь	Л	Е	Е	Ч	А	Ф	Т	Ф	Є	Б
Я	О	И	Ь	Ґ	І	С	К	Р	Ю	Ц	В	Л	Т	А
В	М	Л	Б	Х	Т	І	В	Т	Й	А	Б	М	Є	В
И	Е	И	Т	И	Р	Ш	И	Е	О	Д	Ю	Й	М	А
Ш	Т	В	Х	Щ	Н	Є	С	М	А	Н	И	Р	И	Ш
Є	Р	Х	Р	Ч	Є	А	О	И	У	К	Н	Ф	Ц	А
А	Ю	Х	Л	Е	Н	Г	Т	Т	У	А	С	А	М	Г
П	Ш	Є	Ш	В	Р	А	А	Н	Ю	Н	Л	Ж	А	Б
С	В	Є	Б	Щ	К	В	Д	А	К	И	Ц	П	Р	Е
К	І	Л	О	М	Е	Т	Р	С	Ш	Ж	У	І	Г	П
Д	Е	С	Я	Т	К	О	В	И	Й	В	Ґ	Ш	Я	Ь
С	Т	У	П	І	Н	Ь	П	Б	О	О	І	Ц	С	Т
Я	К	Я	Ґ	Є	К	К	А	Ш	У	Д	І	Ь	Б	І
Ь	Б	Ж	И	Р	Ч	Х	Щ	Ж	У	Ш	Е	Щ	О	Ґ

САНТИМЕТР
СТУПІНЬ
ДЕСЯТКОВИЙ
ГРАМ
ВИСОТА
КІЛОГРАМ
КІЛОМЕТР
ШИРИНА
ЛІТР
ДОВЖИНА
МАСА
МЕТР
ХВИЛИНА
БАЙТ
УНЦІЯ
ВАГА
ДЮЙМ
ГЛИБИНА
ТОННА
ОБСЯГ

1 - Adjectifs #2

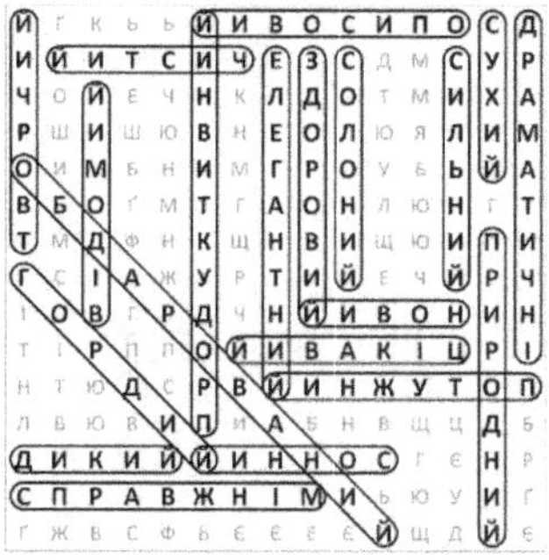

2 - Formes

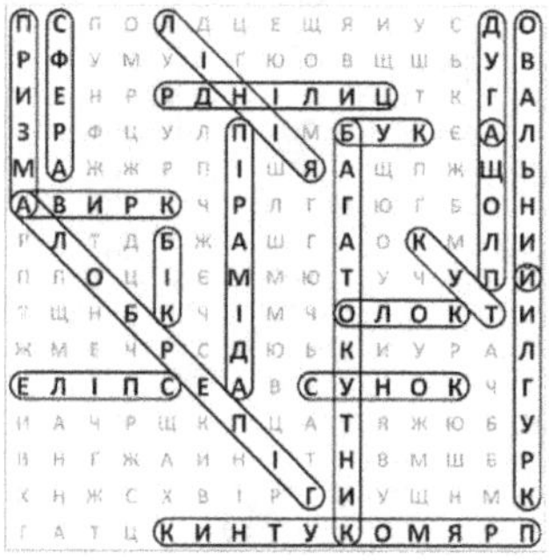

3 - Force et Gravité

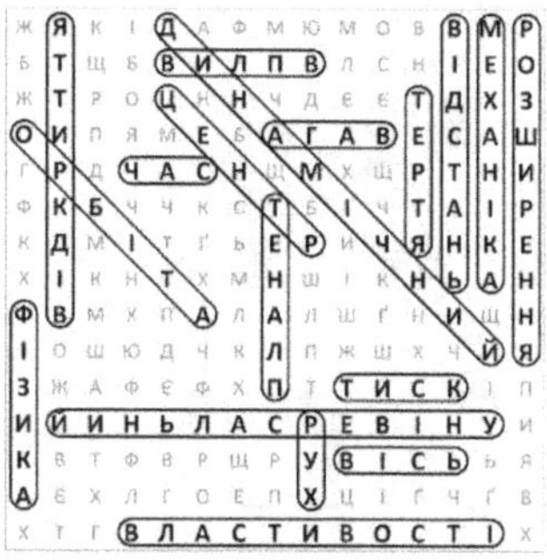

4 - Adjectifs #1

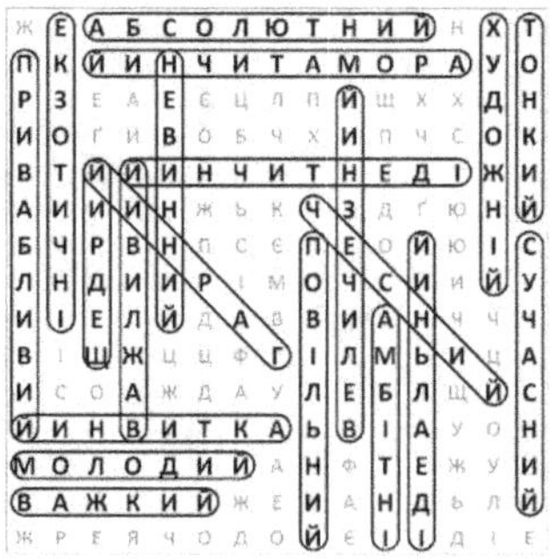

5 - Instruments de Musique

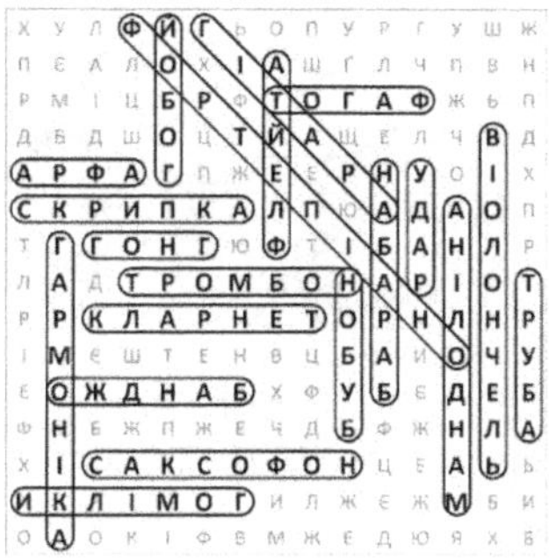

6 - Herboristerie

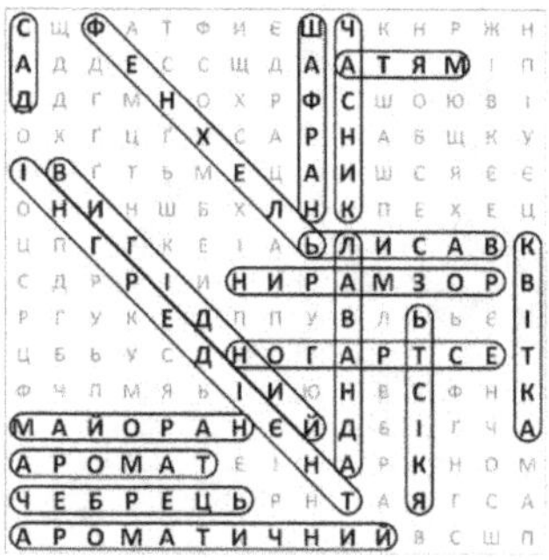

7 - Photographie

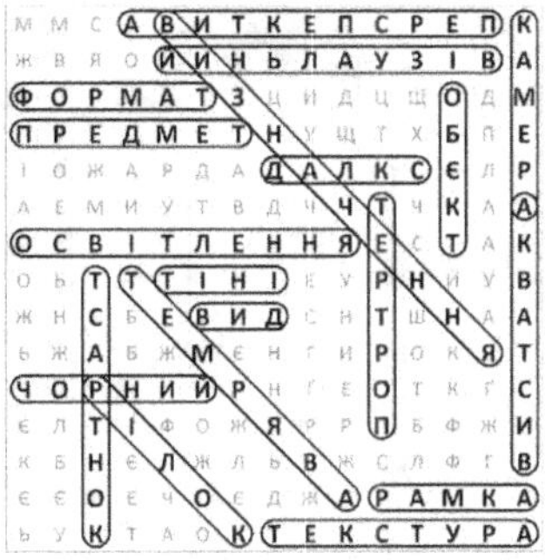

8 - Véhicules

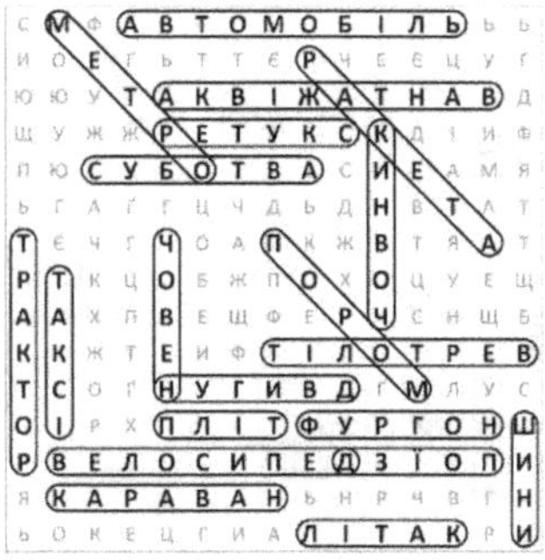

9 - Camping

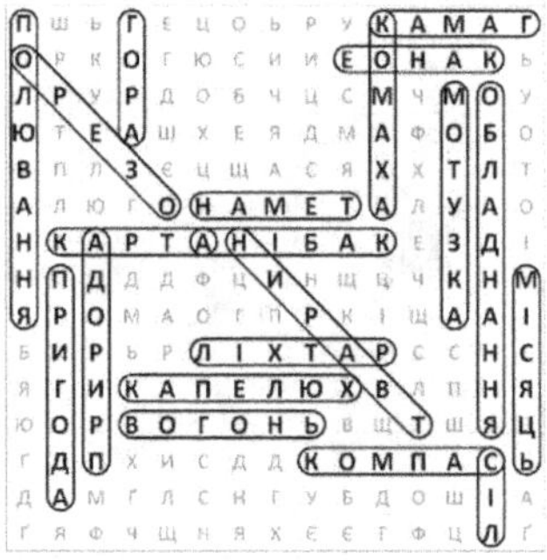

10 - Géométrie

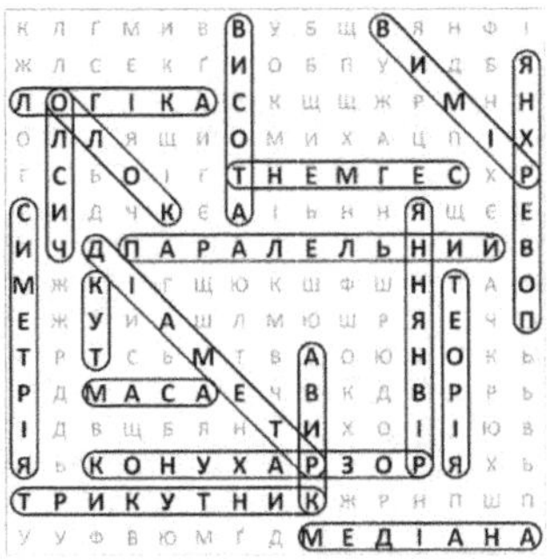

11 - Philanthropie

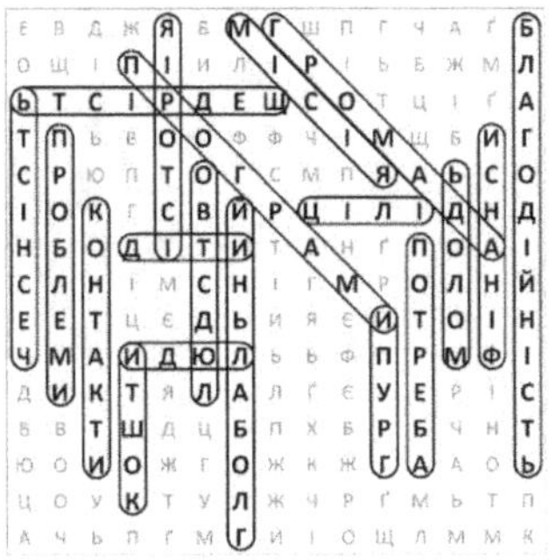

12 - Diplomatie

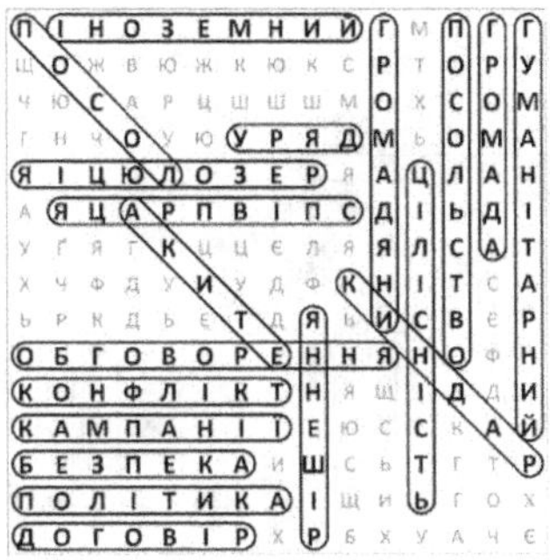

13 - Électricité

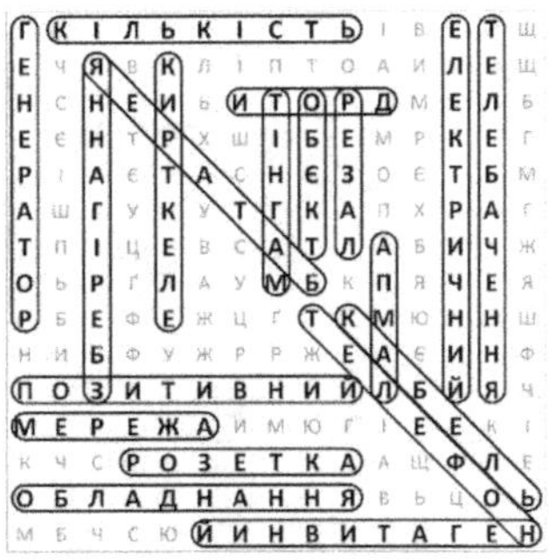

14 - Astronomie

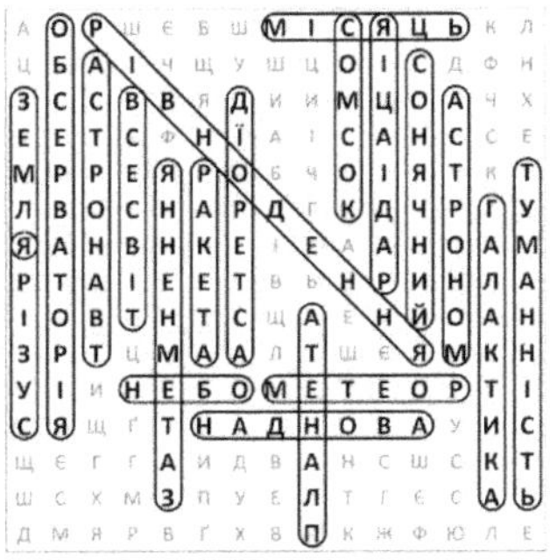

15 - Physique

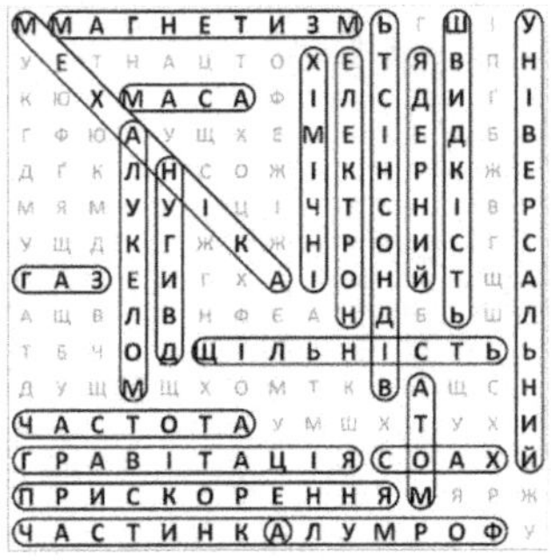

16 - Types de Cheveux

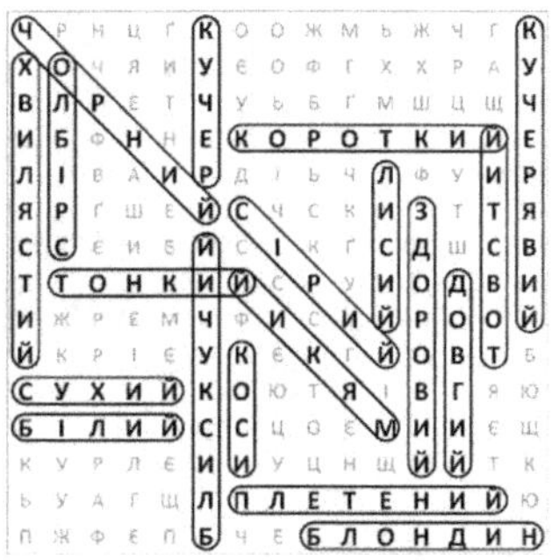

17 - Archéologie

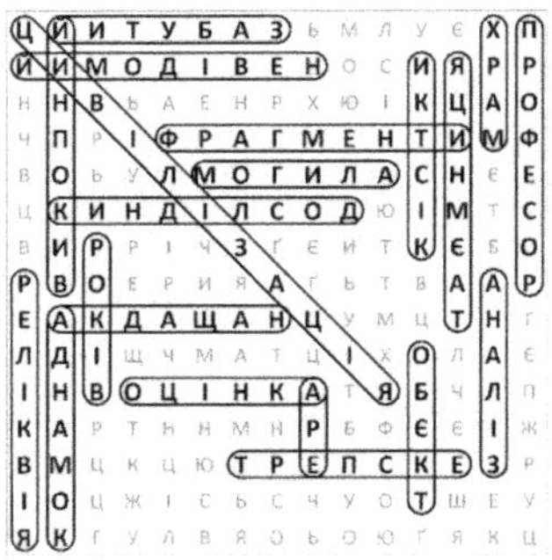

18 - Mammifères

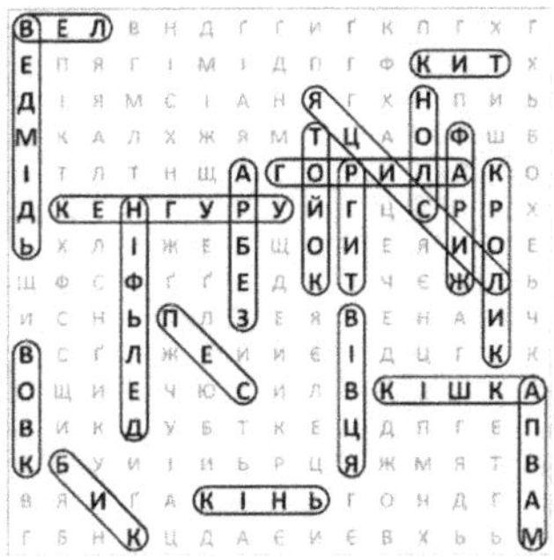

19 - Chocolat

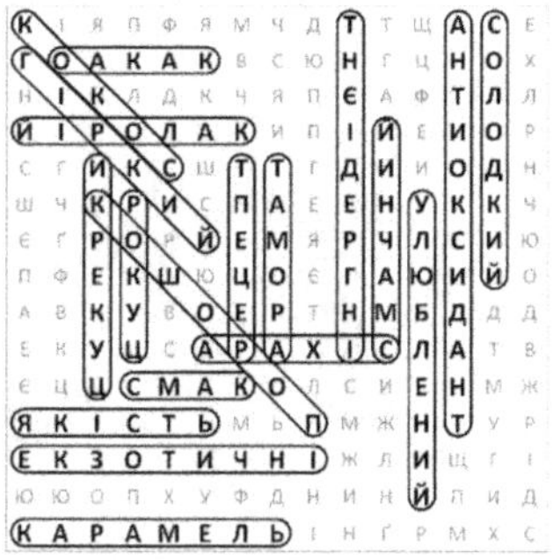

20 - Mathématiques

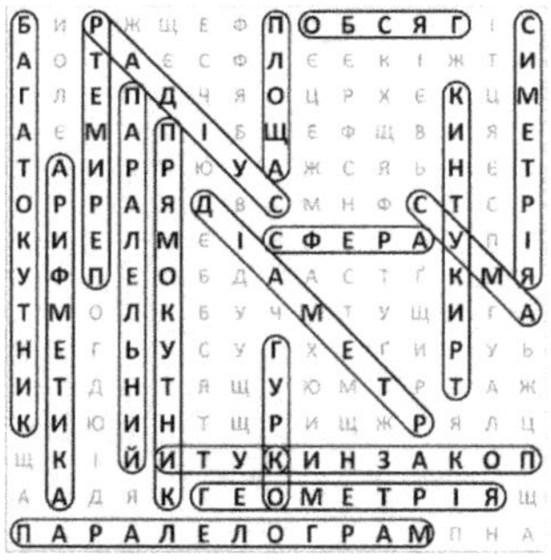

21 - Sport

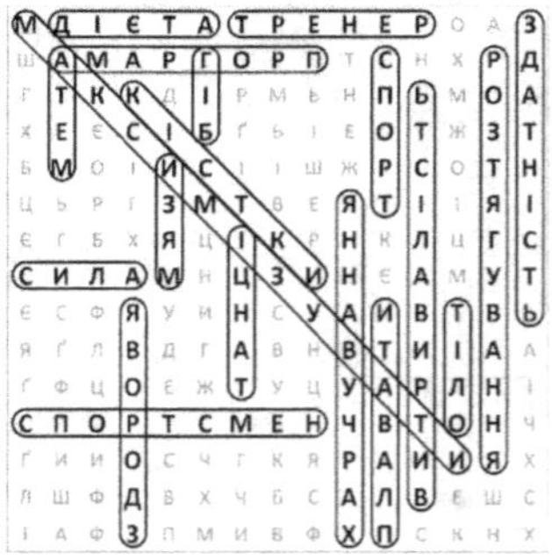

22 - Mythologie

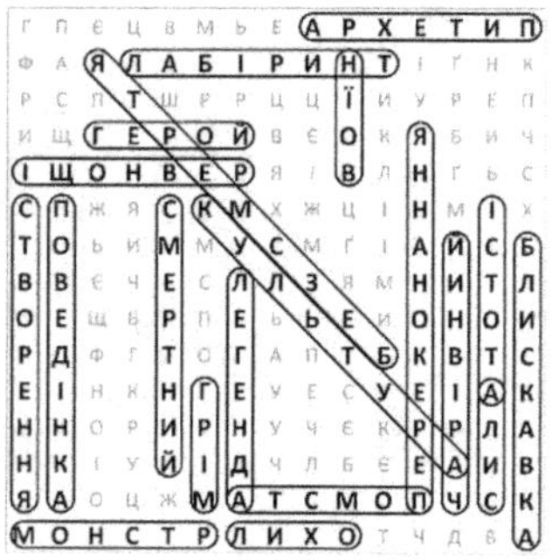

23 - Restaurant #2

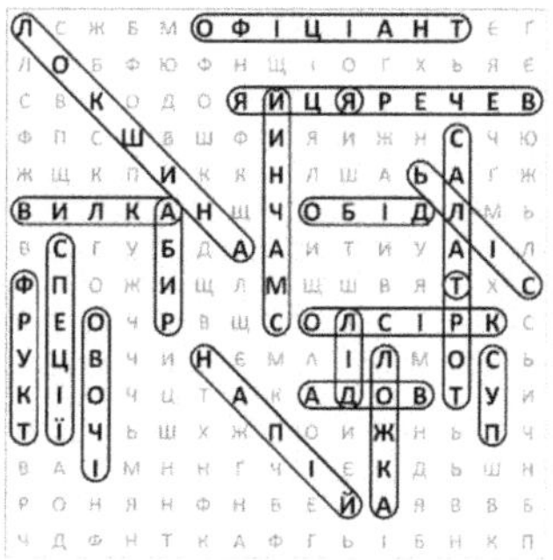

24 - Beauté

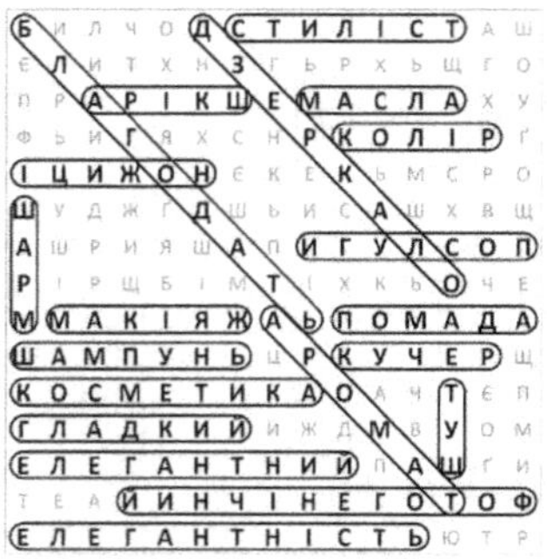

25 - Avions

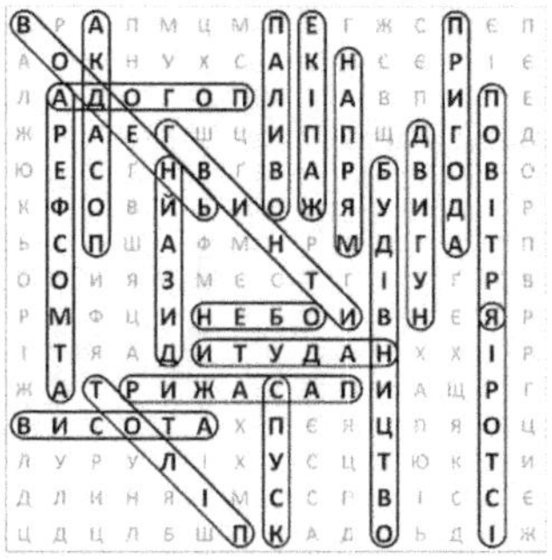

26 - Aventure

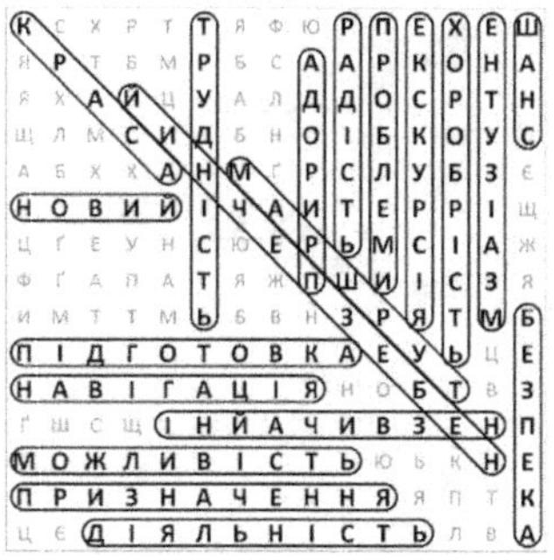

27 - Ville

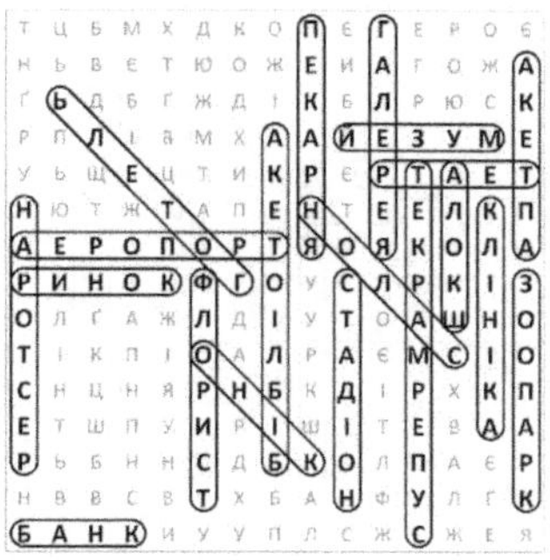

28 - Ingénierie

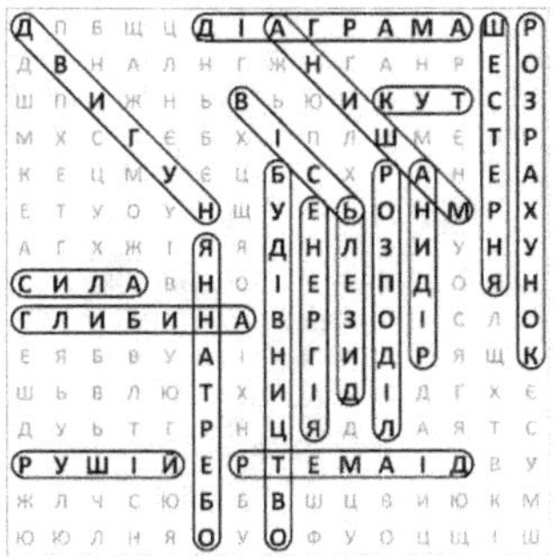

29 - Énergie

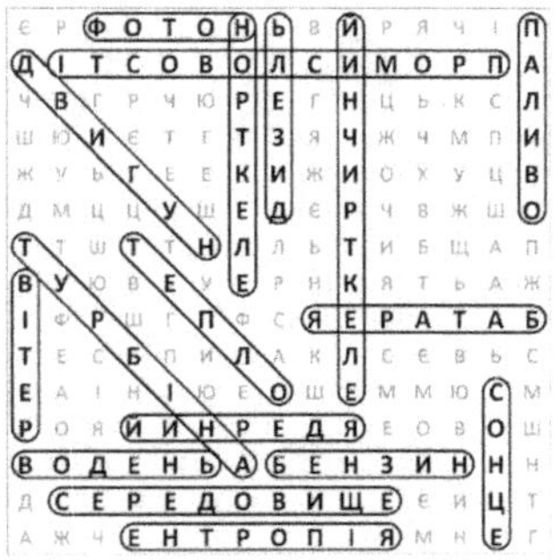

30 - Cuisine

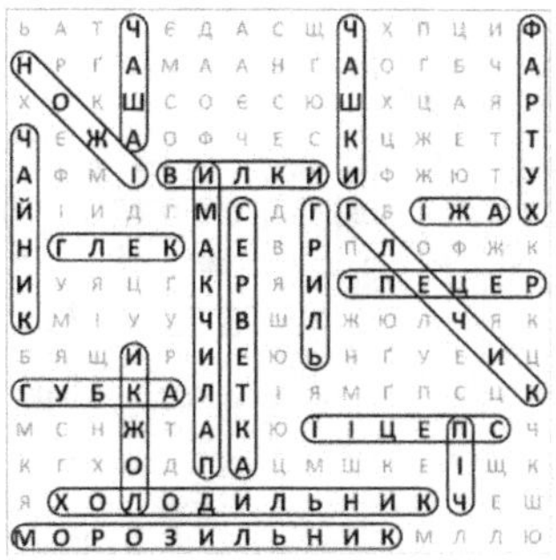

31 - Corps Humain

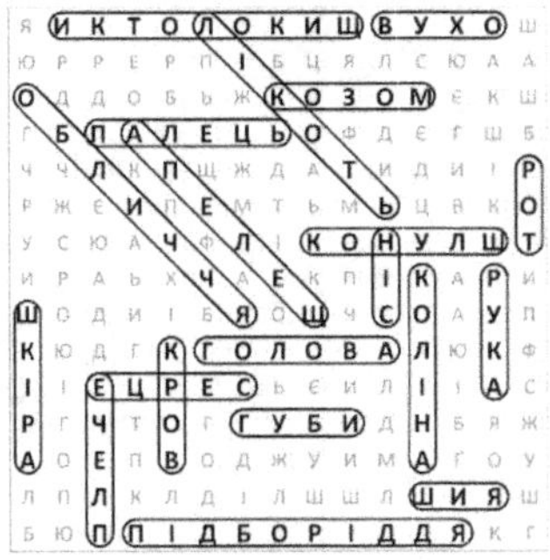

32 - Biologie

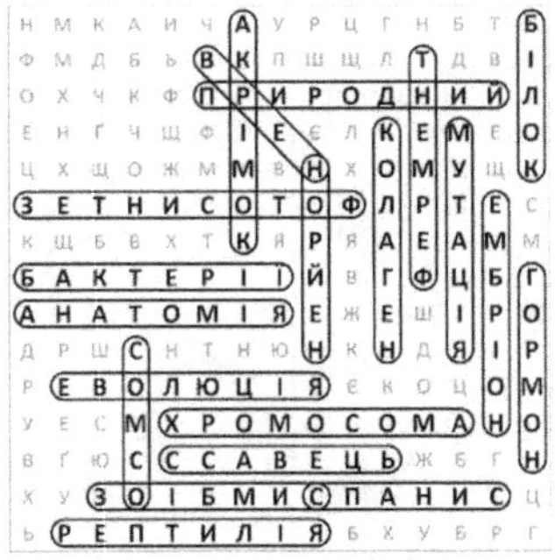

33 - Épices

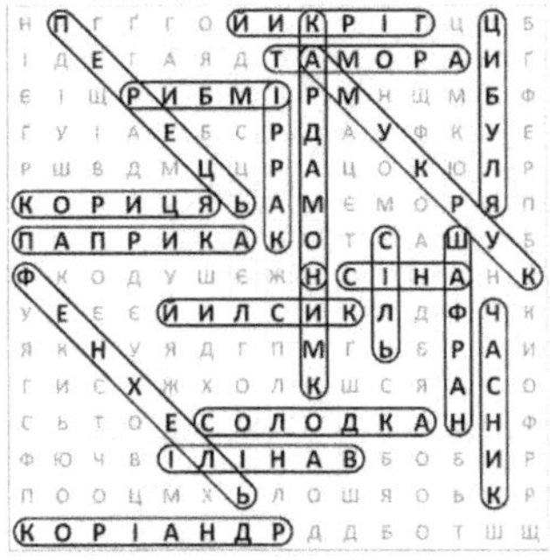

34 - Agronomie

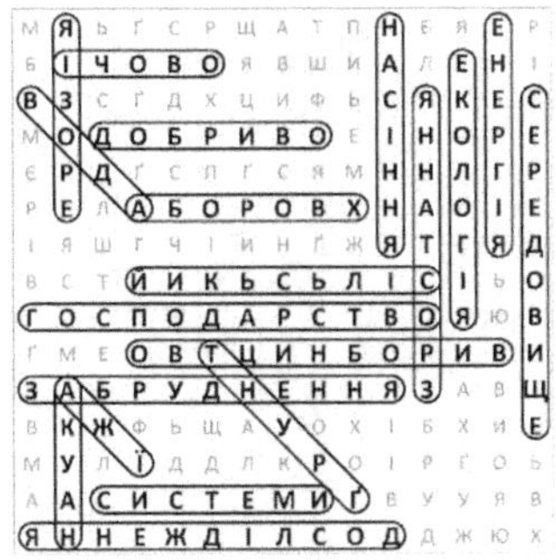

35 - Science

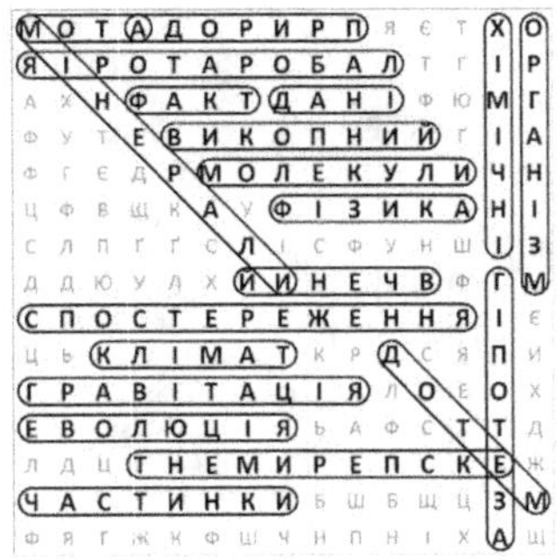

36 - Vêtements

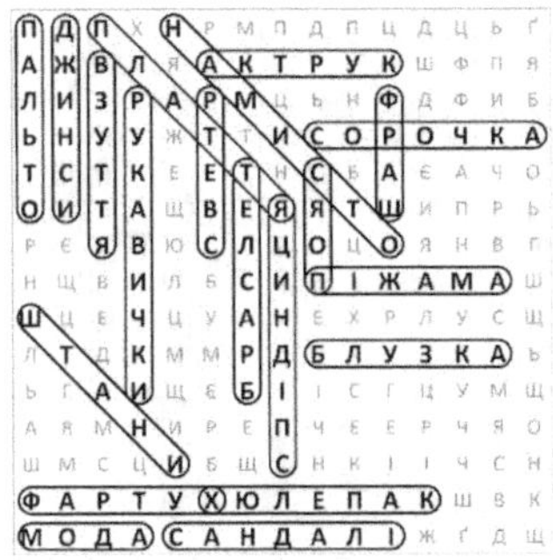

37 - Méditation

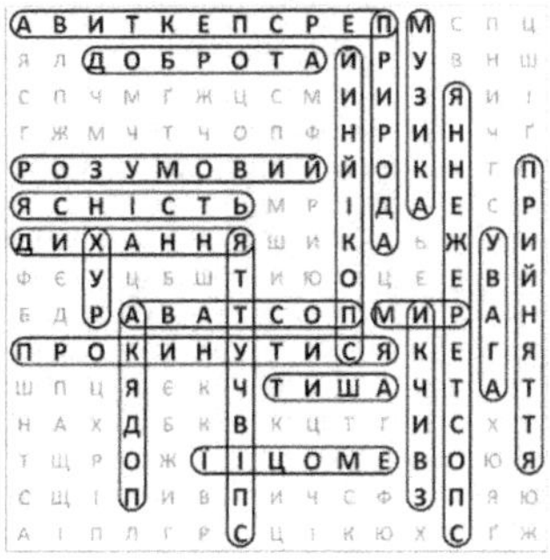

38 - Littérature

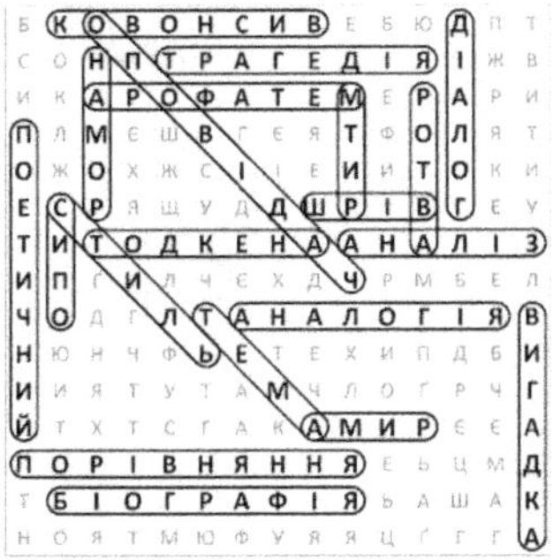

39 - Nourriture #1

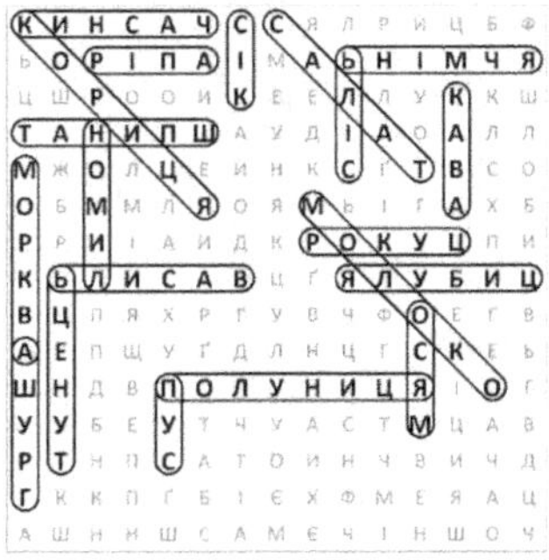

40 - Jours et Mois

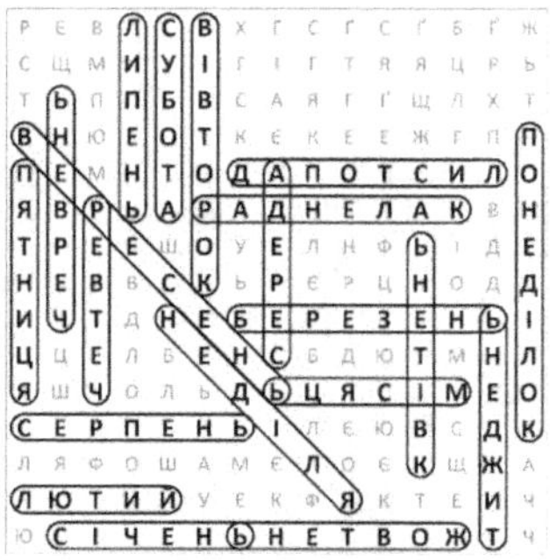

41 - Jardinage

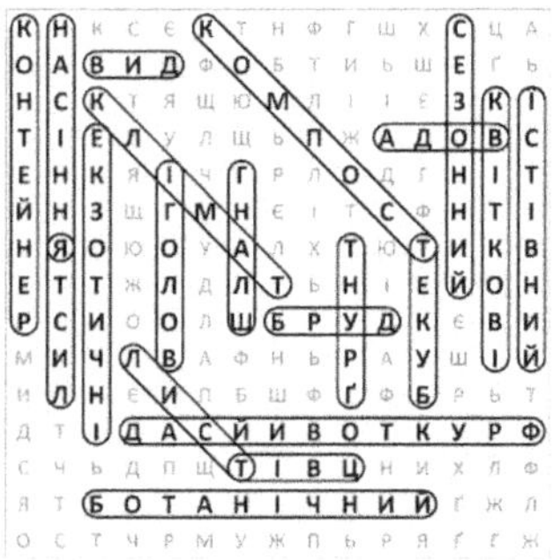

42 - Entreprise

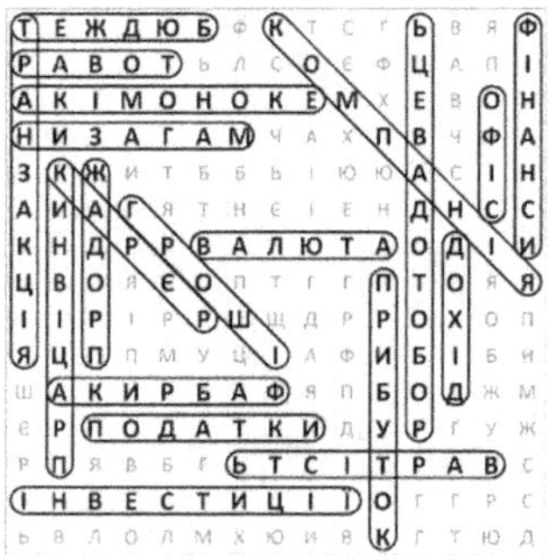

43 - Activités

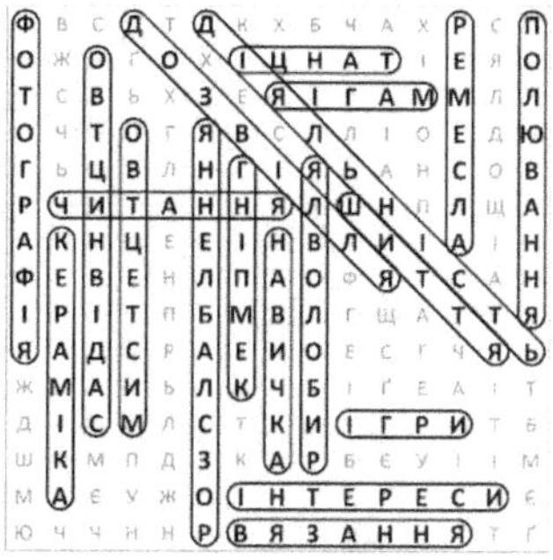

44 - Mode

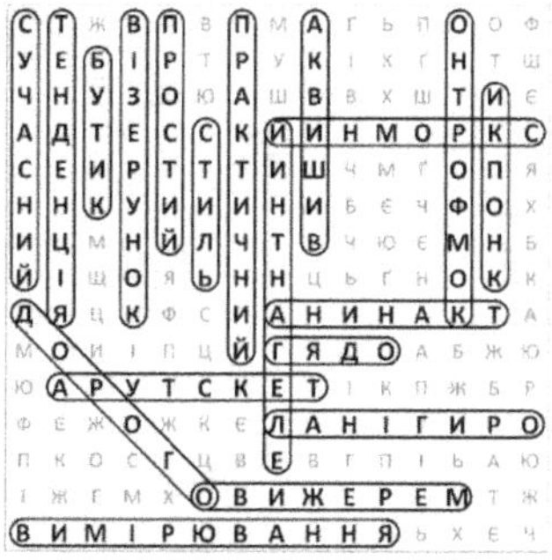

45 - Fleurs

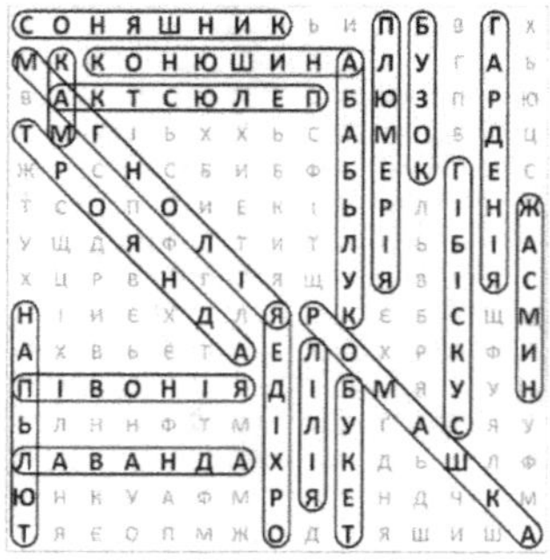

46 - Nourriture #2

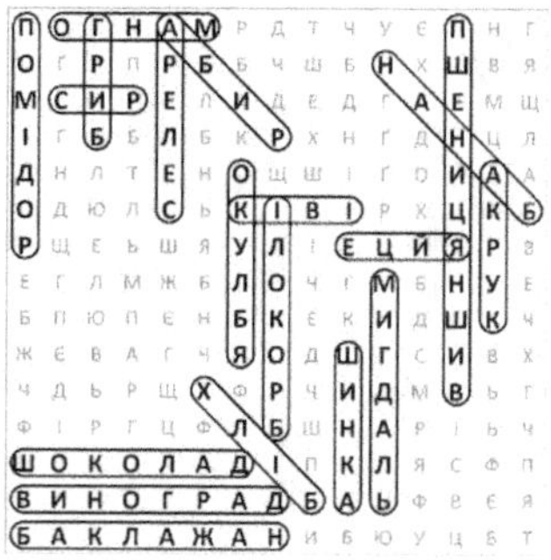

47 - Algèbre

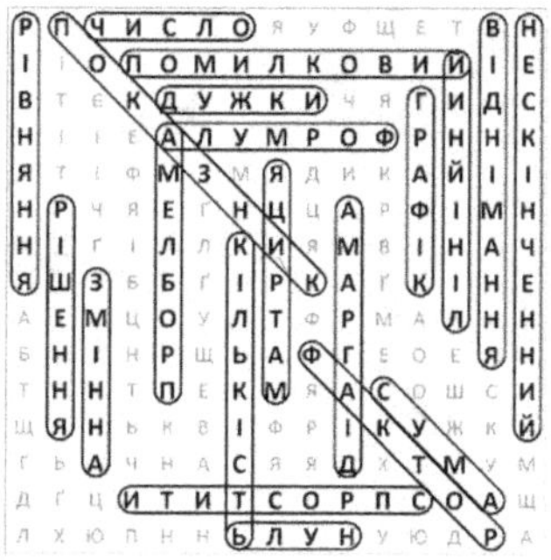

48 - Océan

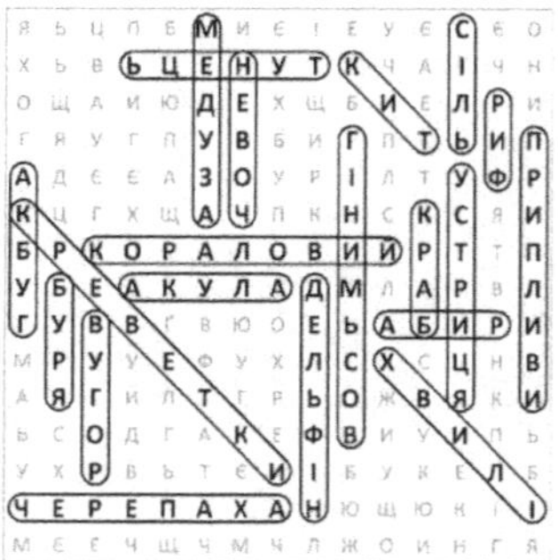

49 - Antiquités

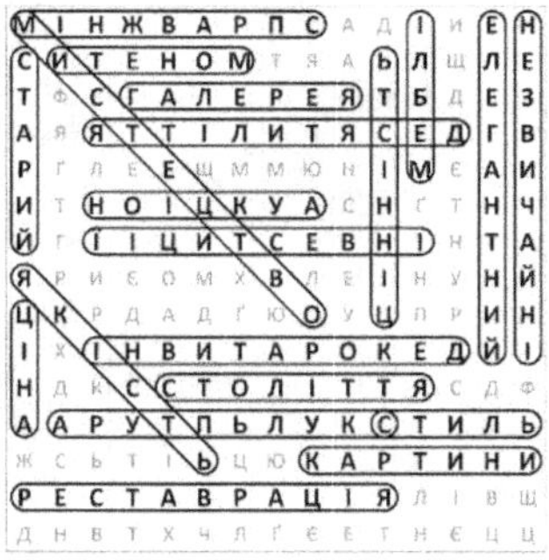

50 - Réchauffement Cli

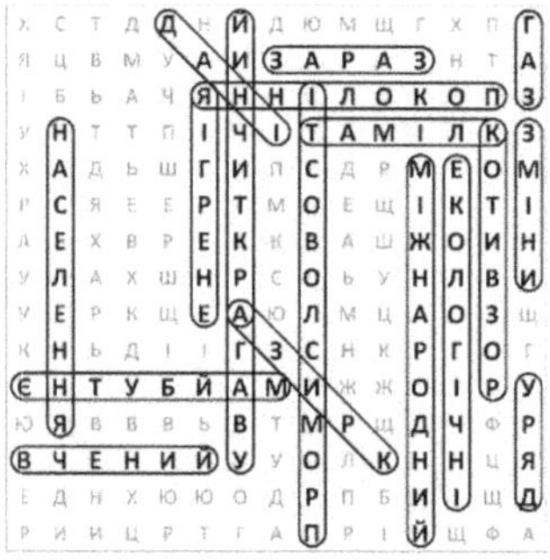

51 - Ballet

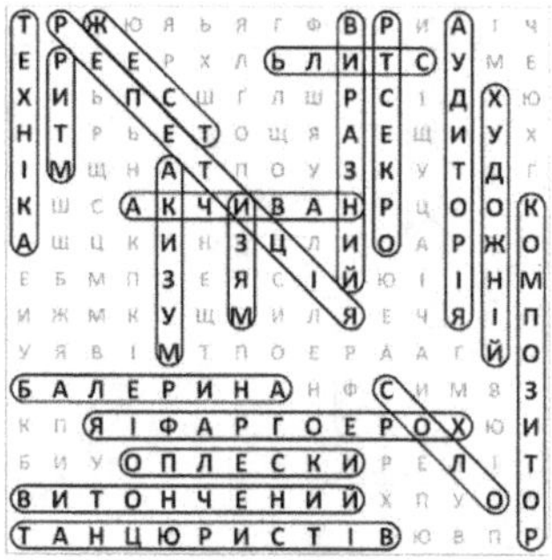

52 - Fruit

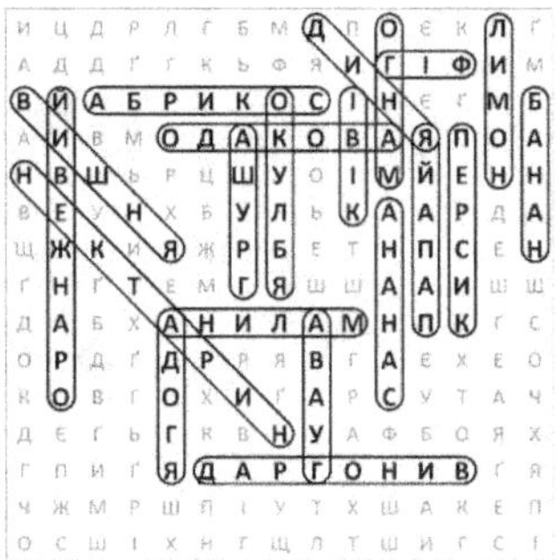

53 - Musique

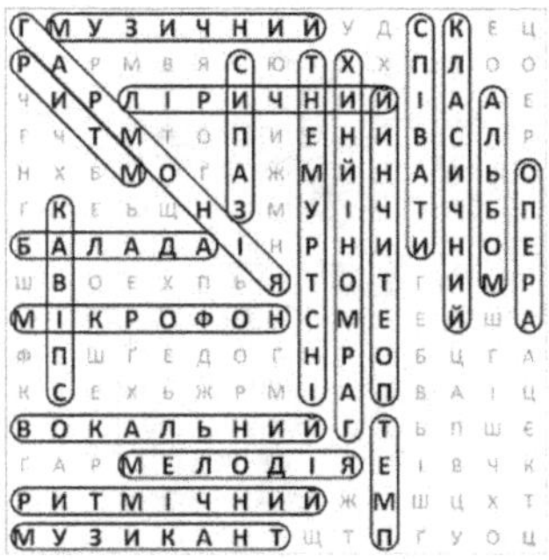

54 - Météo

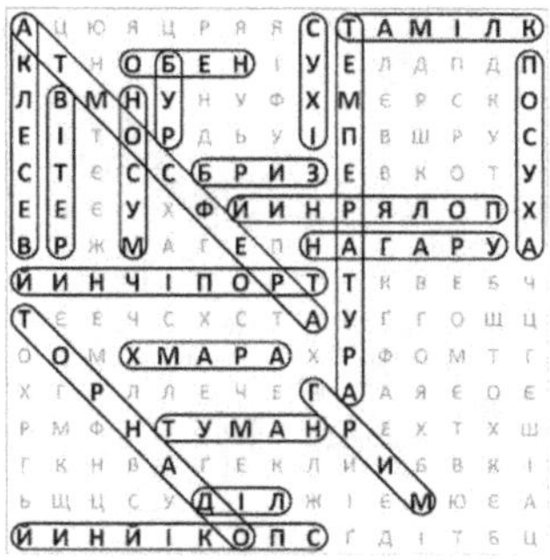

55 - L'Entreprise

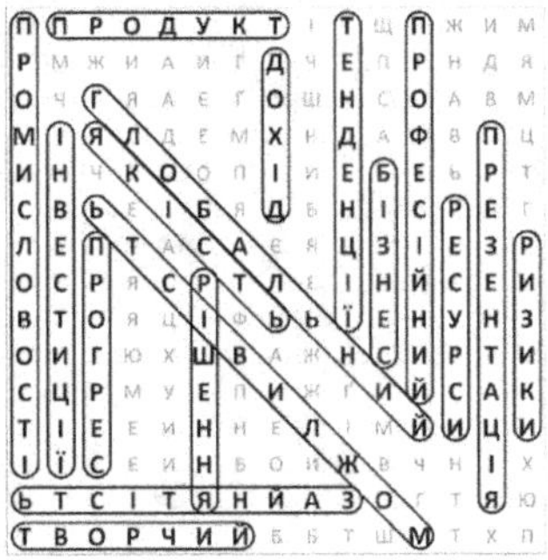

56 - Gouvernement

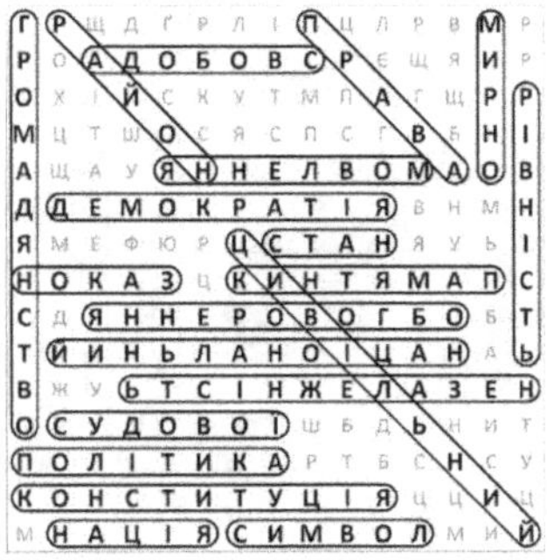

57 - Randonnée

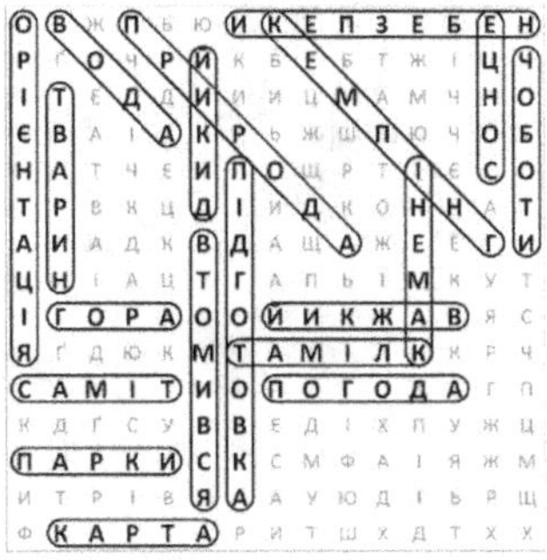

58 - Nutrition

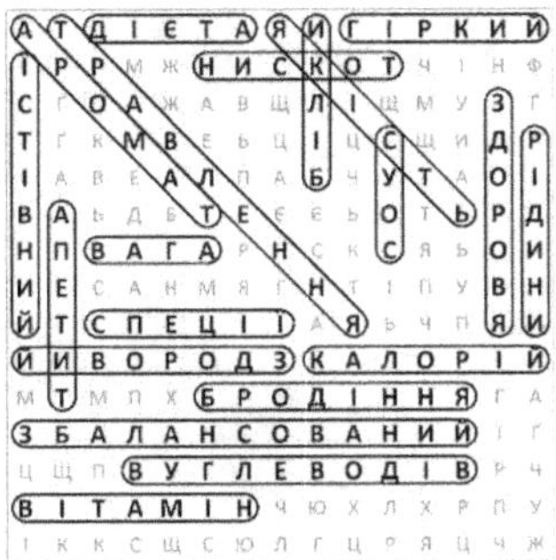

59 - Créativité

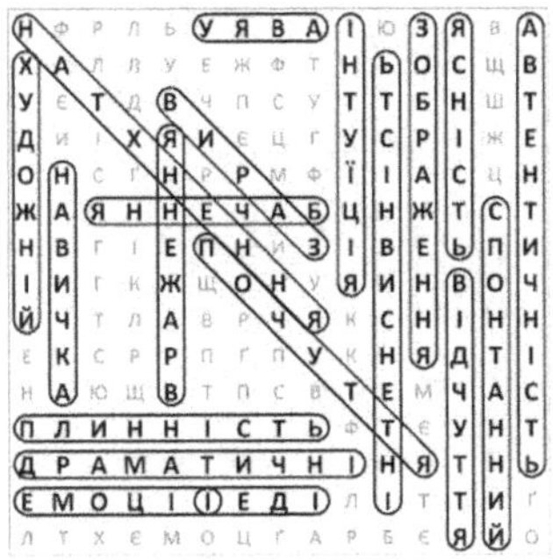

60 - Science Fiction

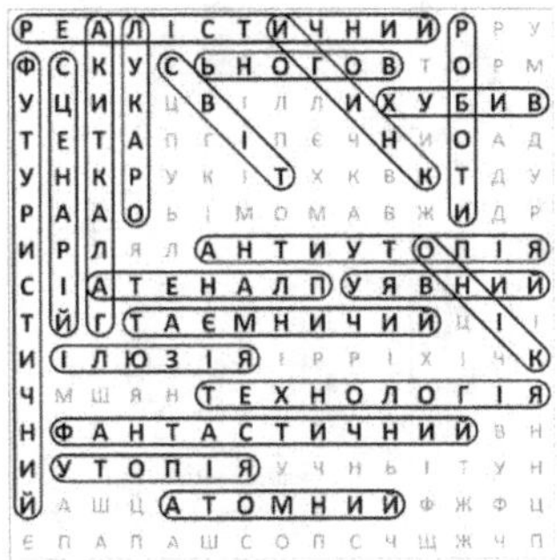

61 - Professions #1

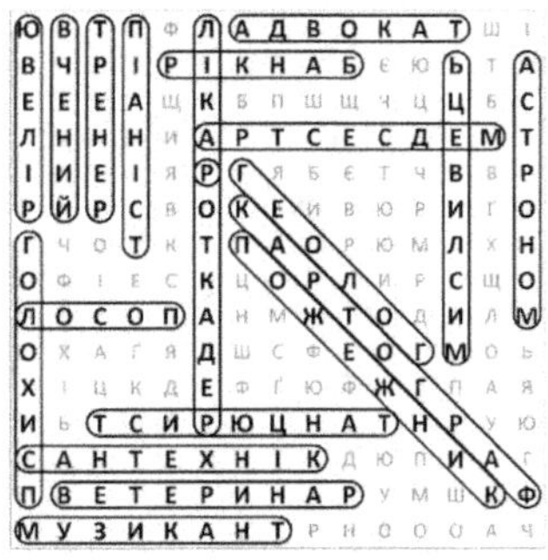

62 - Géologie

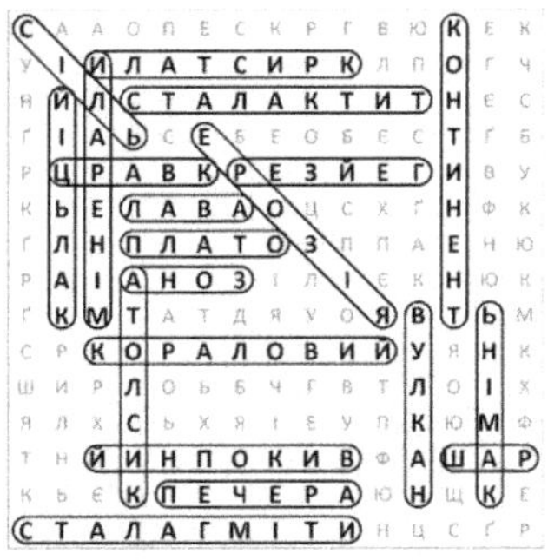

63 - Jardin

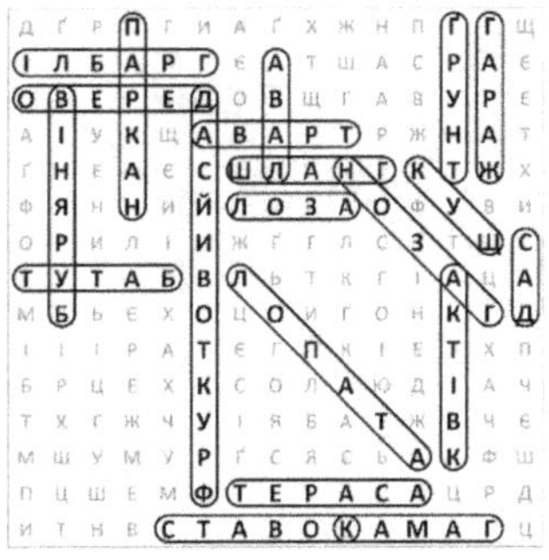

64 - Santé et Bien Être #1

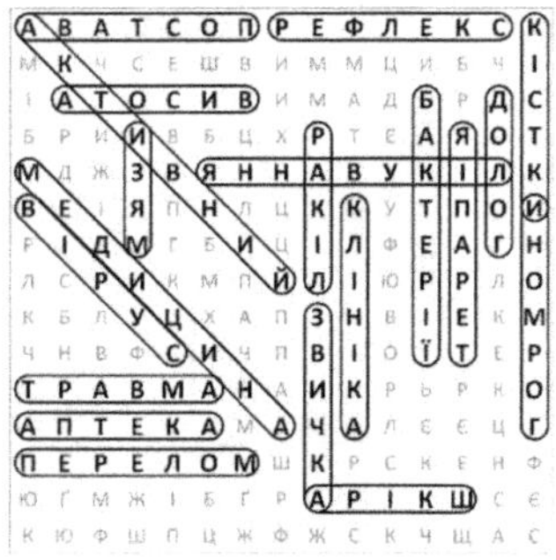

65 - Barbecues

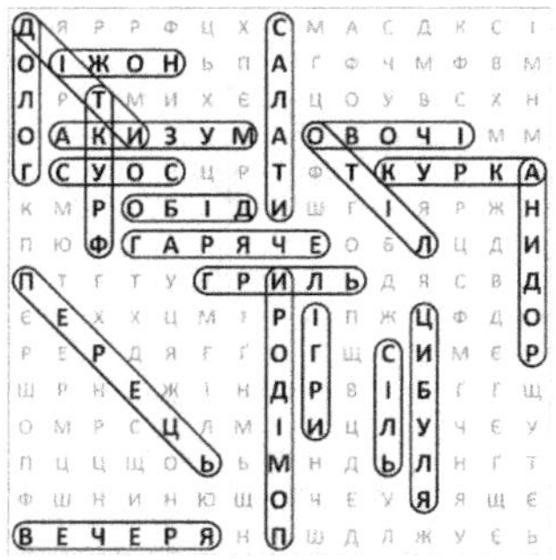

66 - Forêt Tropicale

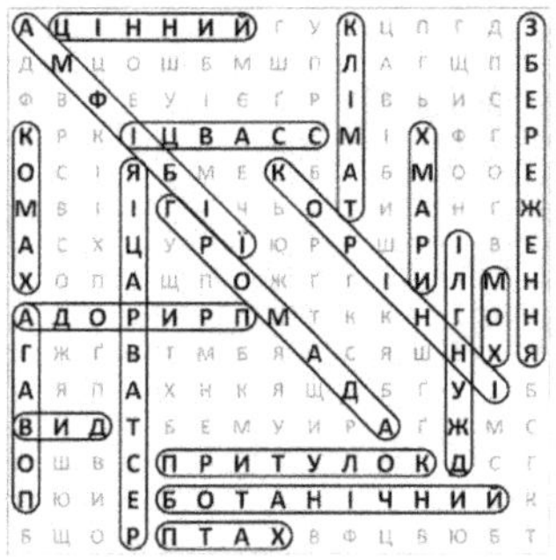

67 - Insectes

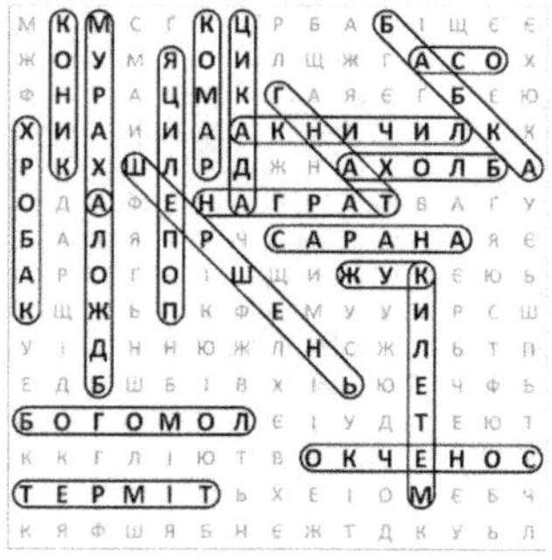

68 - Ferme #1

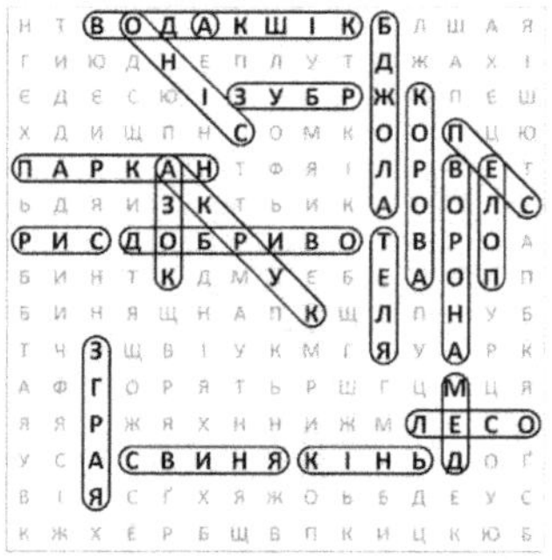

69 - Antarctique

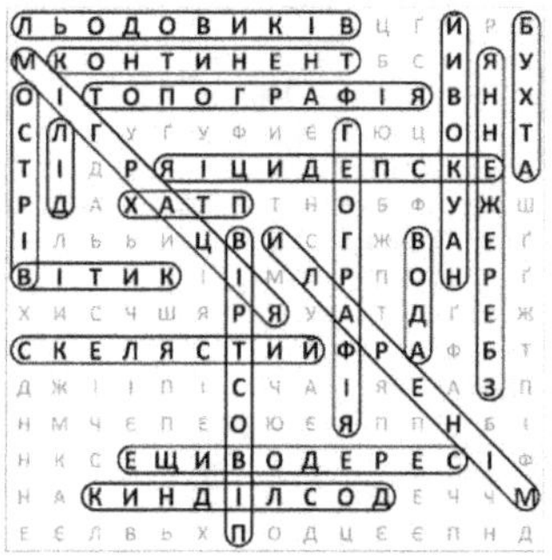

70 - Professions #2

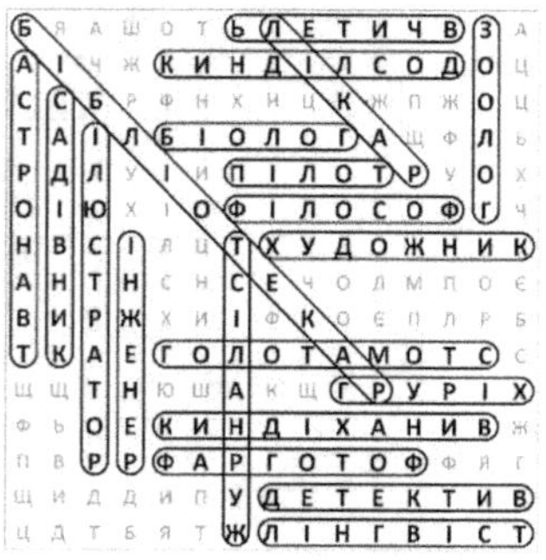

71 - Les Abeilles

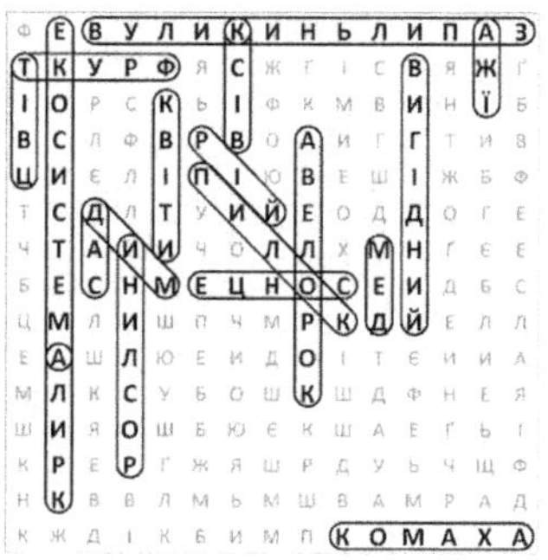

72 - Santé et Bien Être #2

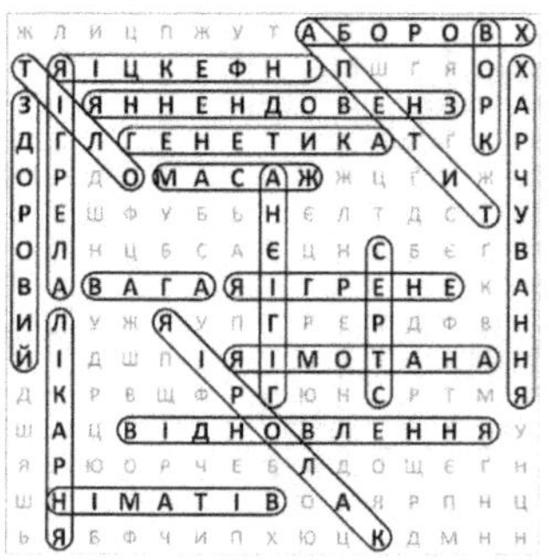

73 - Conduite

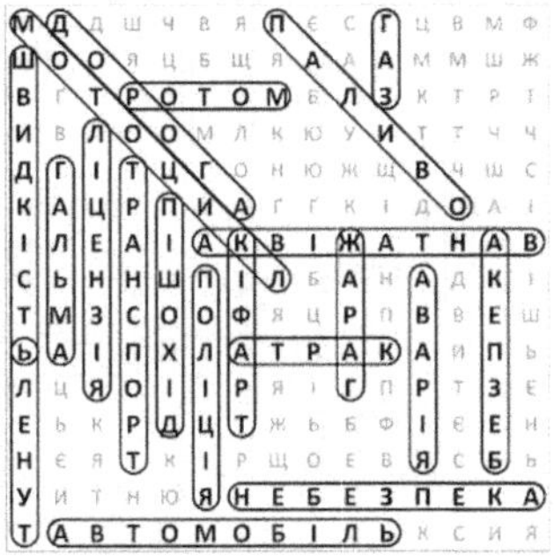

74 - Plantes

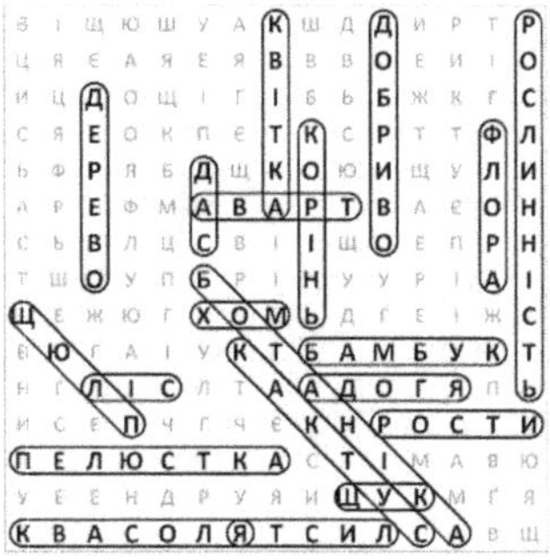

75 - Ferme #2

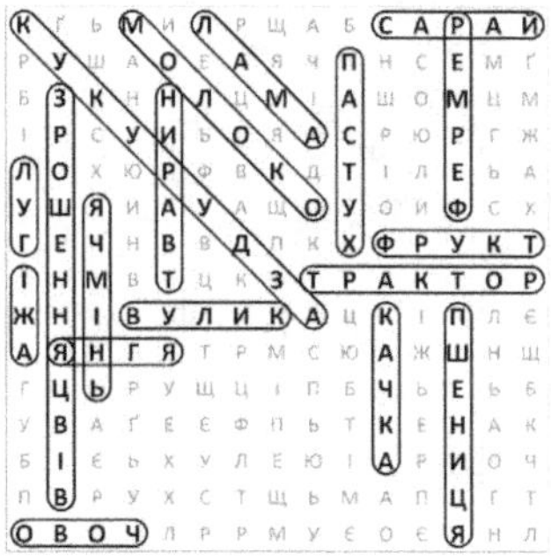

76 - Vacances #2

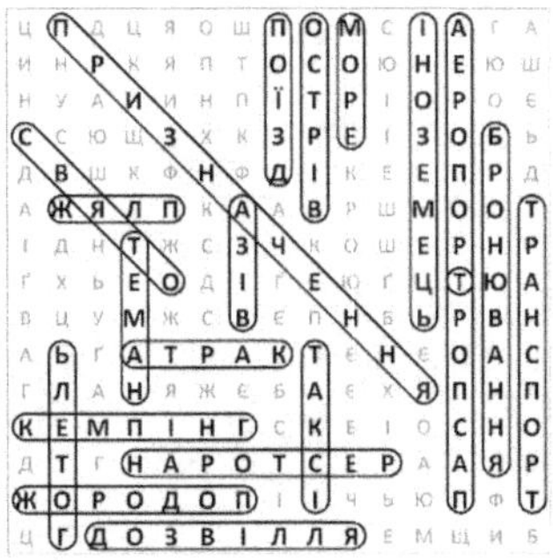

77 - Temps

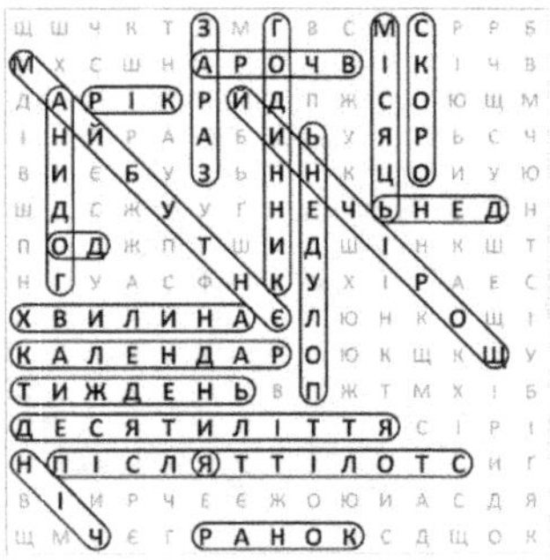

78 - Immigration

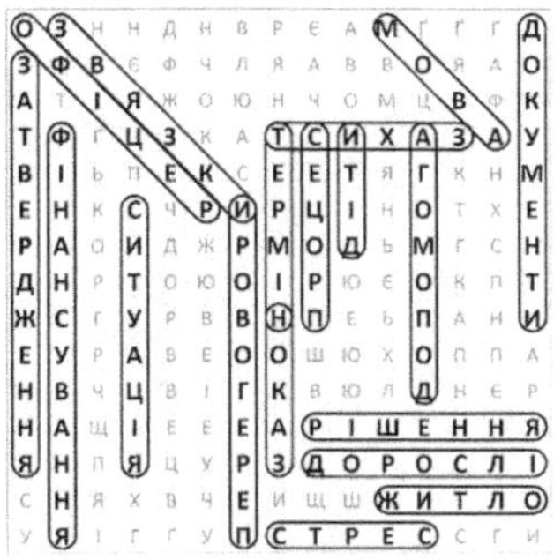

79 - Maison

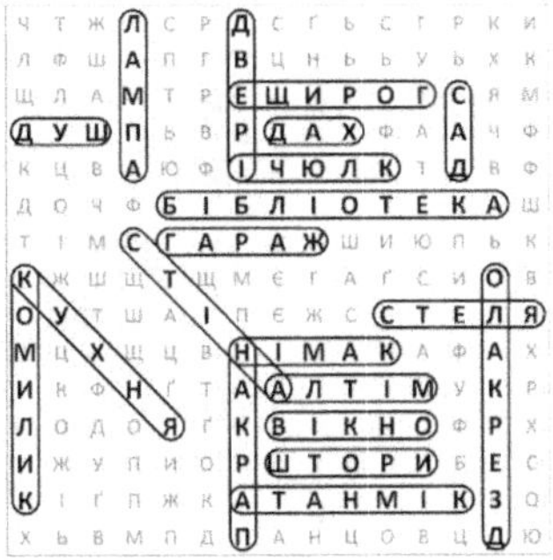

80 - Légumes

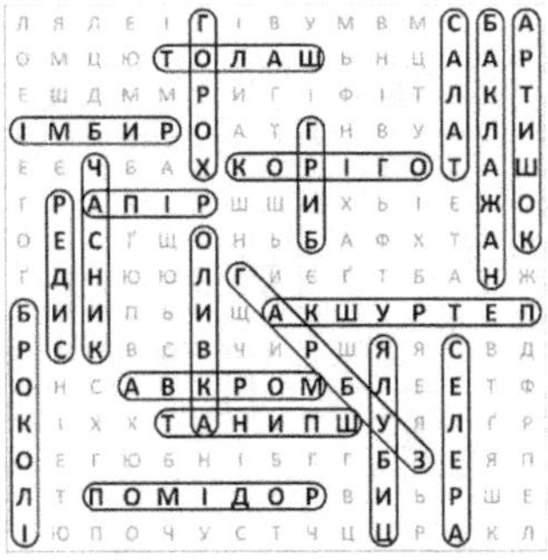

81 - Famille

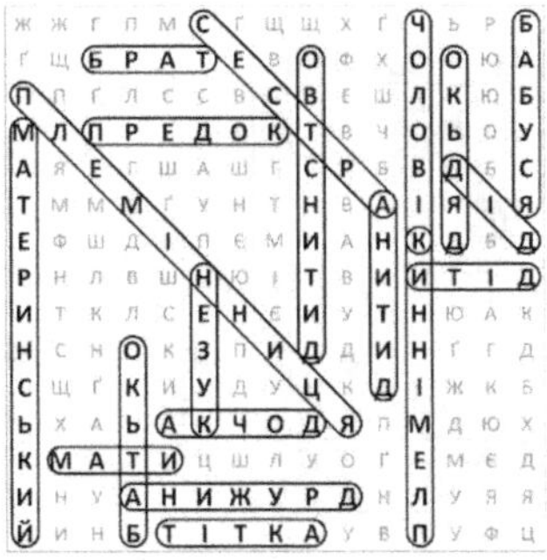

82 - Oiseaux

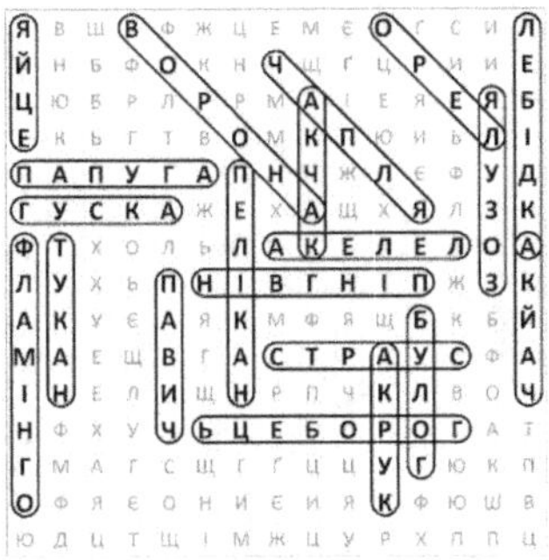

83 - Disciplines Scientifiques

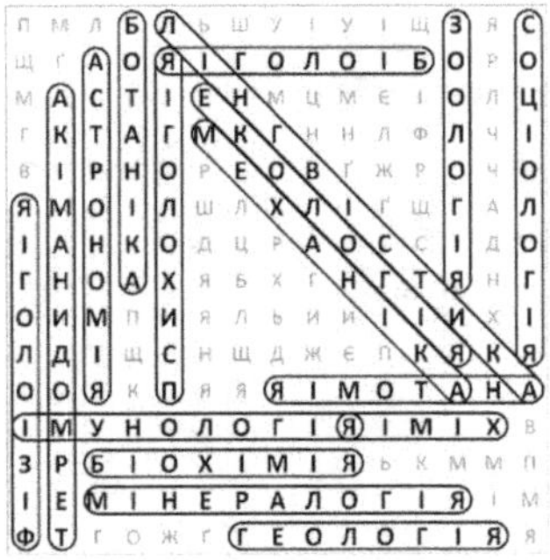

84 - Maladie

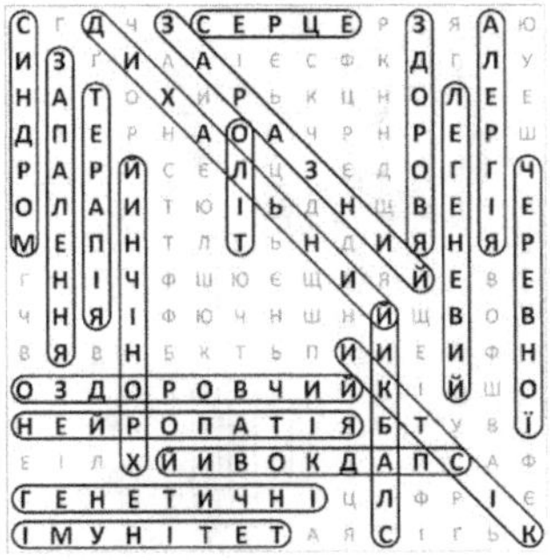

85 - Univers

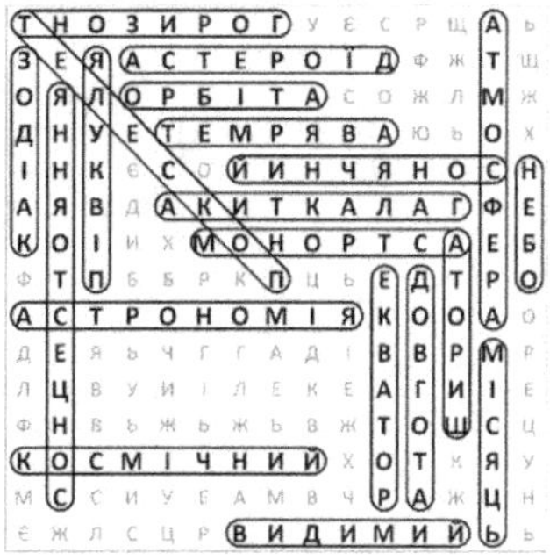

86 - Géographie

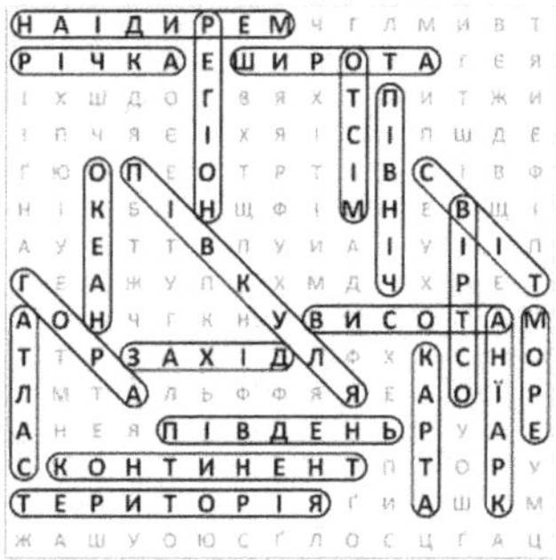

87 - Danse

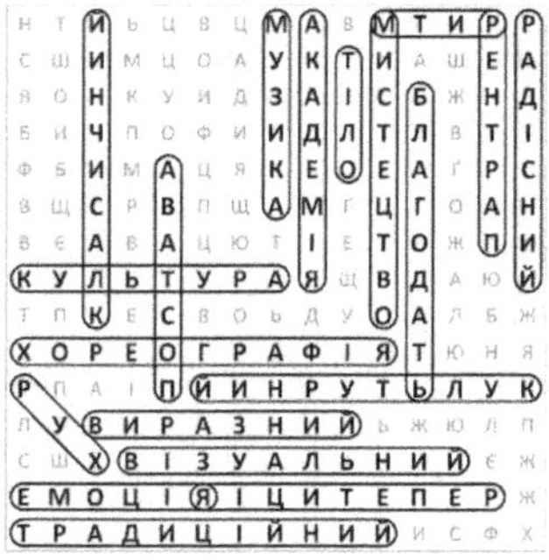

88 - Bâtiments

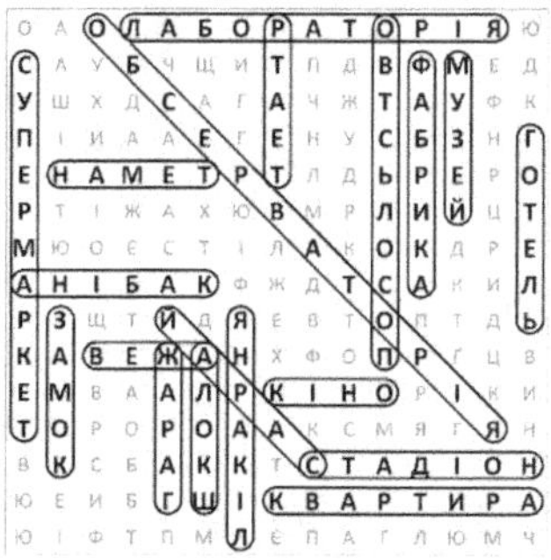

89 - Livres

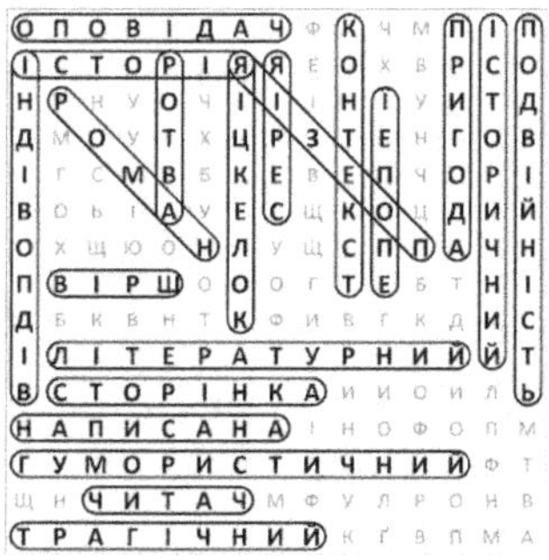

90 - Pays #2

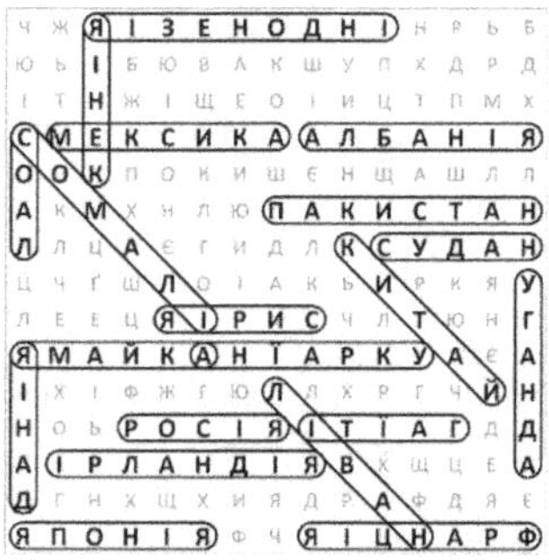

91 - Fournitures d'Art

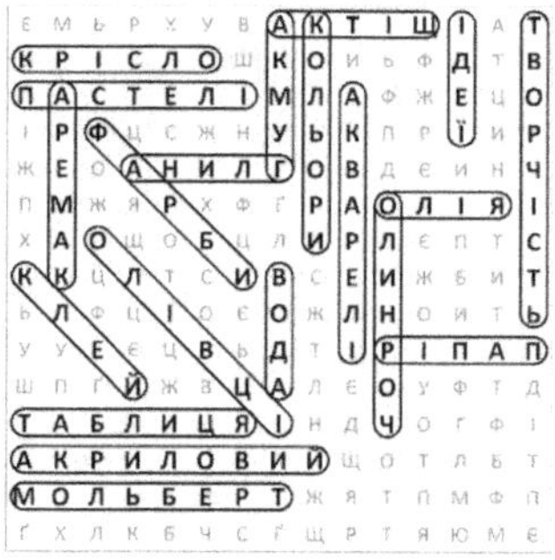

92 - Jazz

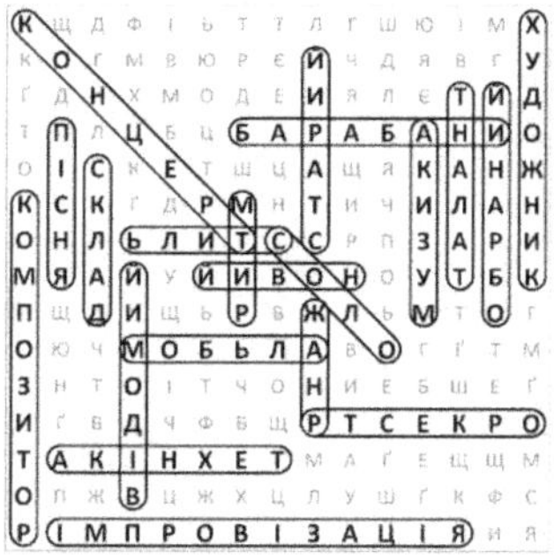

93 - Paysages

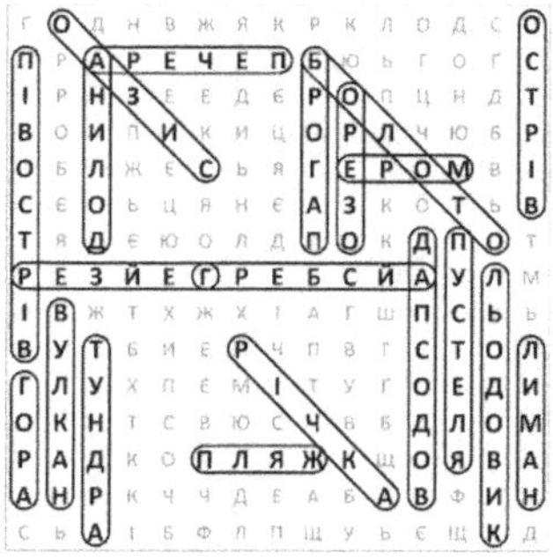

94 - Pays #1

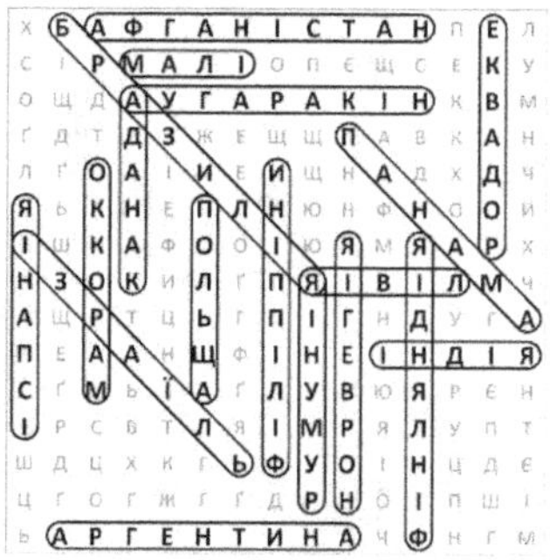

95 - Nombres

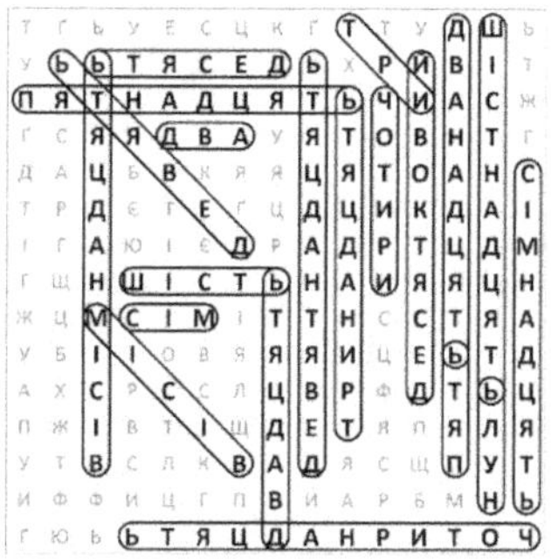

96 - Psychologie

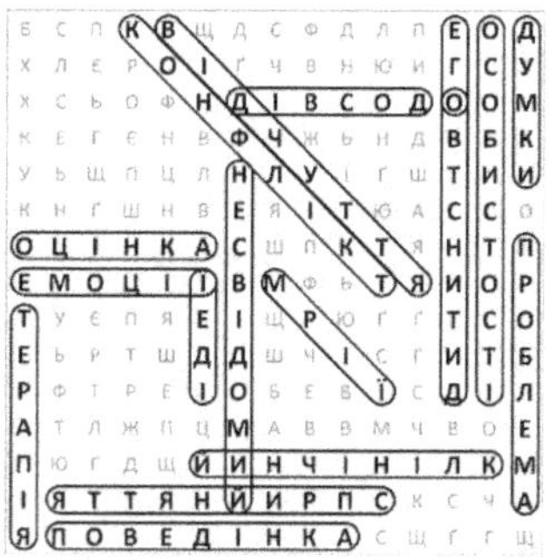

97 - Nature

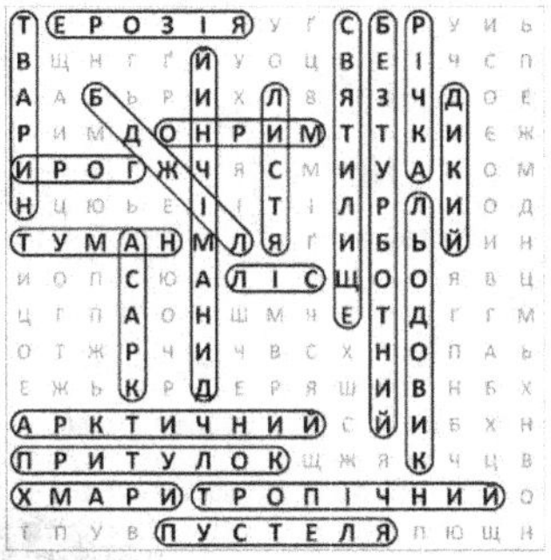

98 - Chimie

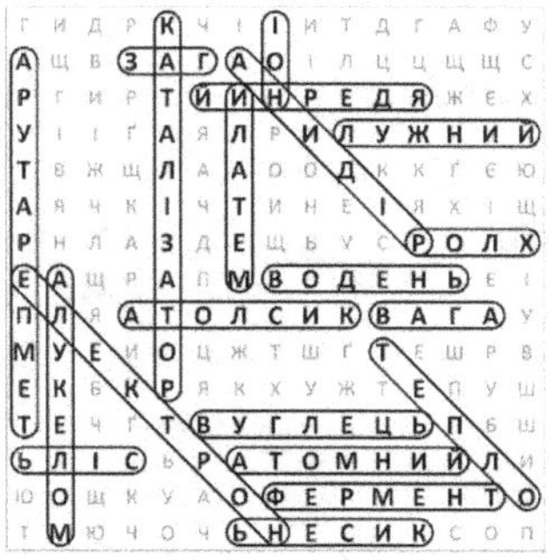

99 - Bateaux

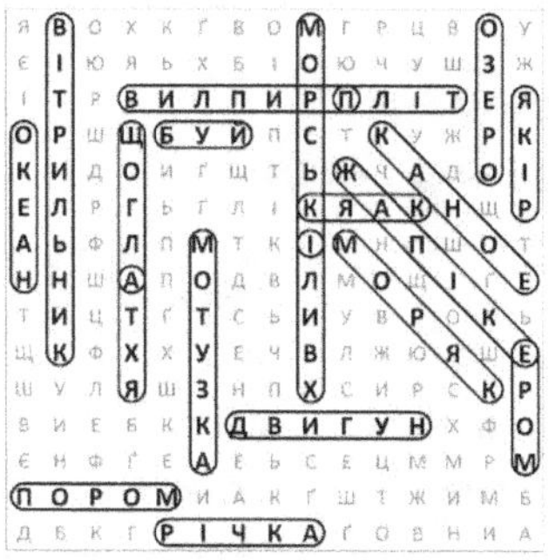

100 - Mesures

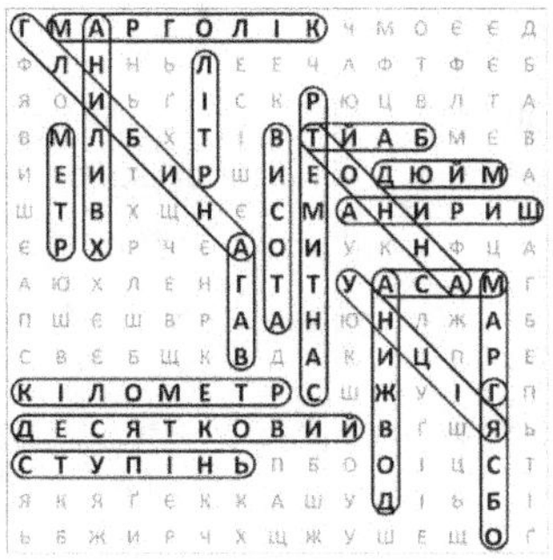

Dictionnaire

Activités
Види Діяльності

Activité	Діяльність
Art	Мистецтво
Artisanat	Ремесла
Camping	Кемпінг
Céramique	Кераміка
Chasse	Полювання
Compétence	Навичка
Couture	Шиття
Danse	Танці
Intérêts	Інтереси
Jardinage	Садівництво
Jeux	Ігри
Lecture	Читання
Loisir	Дозвілля
Magie	Магія
Pêche	Риболовля
Photographie	Фотографія
Plaisir	Задоволення
Relaxation	Розслаблення
Tricot	В'Язання

Adjectifs #1
Прикметники #1

Absolu	Абсолютний
Actif	Активний
Ambitieux	Амбітні
Aromatique	Ароматичний
Artistique	Художній
Attractif	Привабливий
Beau	Гарний
Exotique	Екзотичні
Énorme	Величезний
Généreux	Щедрий
Honnête	Чесний
Identique	Ідентичний
Important	Важливий
Innocent	Невинний
Jeune	Молодий
Lent	Повільний
Lourd	Важкий
Mince	Тонкий
Moderne	Сучасний
Parfait	Ідеальний

Adjectifs #2
Прикметники #2

Authentique	Справжнім
Célèbre	Відомий
Créatif	Творчий
Descriptif	Описовий
Doué	Обдарований
Dramatique	Драматичні
Élégant	Елегантний
Fier	Гордий
Fort	Сильний
Intéressant	Цікавий
Naturel	Природний
Nouveau	Новий
Productif	Продуктивний
Puissant	Потужний
Pur	Чистий
Sain	Здоровий
Salé	Солоний
Sauvage	Дикий
Sec	Сухий
Somnolent	Сонний

Agronomie
Агрономія

Agriculture	Господарство
Croissance	Зростання
Eau	Вода
Engrais	Добриво
Environnement	Середовище
Écologie	Екологія
Énergie	Енергія
Érosion	Ерозія
Graines	Насіння
Identification	Ідентифікація
Légumes	Овочі
Maladies	Хвороба
Nourriture	Їжа
Pollution	Забруднення
Production	Виробництво
Recherche	Дослідження
Rural	Сільський
Science	Наука
Sol	Ґрунт
Systèmes	Системи

Algèbre
Алгебра

Diagramme	Діаграма
Exposant	Показник
Équation	Рівняння
Facteur	Фактор
Faux	Помилковий
Formule	Формула
Graphique	Графік
Infini	Нескінченний
Linéaire	Лінійний
Matrice	Матриця
Nombre	Число
Parenthèse	Дужки
Problème	Проблема
Quantité	Кількість
Simplifier	Спростити
Solution	Рішення
Somme	Сума
Soustraction	Віднімання
Variable	Змінна
Zéro	Нуль

Antarctique
Антарктида

Baie	Бухта
Baleines	Китів
Chercheur	Дослідник
Conservation	Збереження
Continent	Континент
Eau	Вода
Environnement	Середовище
Expédition	Експедиція
Géographie	Географія
Glace	Лід
Glaciers	Льодовиків
Îles	Острів
Migration	Міграція
Minéraux	Мінерали
Oiseaux	Птах
Péninsule	Півострів
Rocheux	Скелястий
Scientifique	Науковий
Température	Температура
Topographie	Топографія

Antiquités
Антикваріат

Art	Мистецтво
Authentique	Справжнім
Décennies	Десятиліття
Décoratif	Декоративні
Enchères	Аукціон
Élégant	Елегантний
Galerie	Галерея
Inhabituel	Незвичайні
Investissement	Інвестиції
Meubles	Меблі
Peintures	Картини
Pièces	Монети
Prix	Ціна
Qualité	Якість
Restauration	Реставрація
Sculpture	Скульптура
Siècle	Століття
Style	Стиль
Valeur	Цінність
Vieux	Старий

Archéologie
Археологія

Analyse	Аналіз
Années	Років
Chercheur	Дослідник
Civilisation	Цивілізація
Descendant	Нащадка
Expert	Експерт
Ère	Ера
Équipe	Команда
Évaluation	Оцінка
Fossile	Викопний
Fragments	Фрагменти
Inconnu	Невідомий
Mystère	Таємниця
Objets	Об'Єкт
Os	Кістки
Oublié	Забутий
Professeur	Професор
Relique	Реліквія
Temple	Храм
Tombe	Могила

Astronomie
Астрономія

Astéroïde	Астероїд
Astronaute	Астронавт
Astronome	Астроном
Ciel	Небо
Constellation	Сузір'Я
Cosmos	Космос
Éclipse	Затемнення
Équinoxe	Рівнодення
Fusée	Ракета
Galaxie	Галактика
Lune	Місяць
Météore	Метеор
Nébuleuse	Туманність
Observatoire	Обсерваторія
Planète	Планета
Radiation	Радіація
Solaire	Сонячний
Supernova	Наднова
Terre	Земля
Univers	Всесвіт

Aventure
Пригоди

Activité	Діяльність
Beauté	Краса
Bravoure	Хоробрість
Chance	Шанс
Dangereux	Небезпечний
Destination	Призначення
Défis	Проблеми
Difficulté	Трудність
Enthousiasme	Ентузіазм
Excursion	Екскурсія
Inhabituel	Незвичайні
Itinéraire	Маршрут
Joie	Радість
Nature	Природа
Navigation	Навігація
Nouveau	Новий
Opportunité	Можливість
Préparation	Підготовка
Sécurité	Безпека
Voyages	Подорожі

Avions
Літаки

Air	Повітря
Atmosphère	Атмосфера
Atterrissage	Посадка
Aventure	Пригода
Carburant	Паливо
Ciel	Небо
Construction	Будівництво
Descente	Спуск
Design	Дизайн
Direction	Напрям
Équipage	Екіпаж
Gonfler	Надути
Hauteur	Висота
Hélices	Гвинти
Histoire	Історія
Hydrogène	Водень
Météo	Погода
Moteur	Двигун
Passager	Пасажир
Pilote	Пілот

Ballet
Балет

Applaudissement	Оплески
Artistique	Художній
Ballerine	Балерина
Chorégraphie	Хореографія
Compétence	Навичка
Compositeur	Композитор
Danseurs	Танцюристів
Expressif	Виразний
Geste	Жест
Gracieux	Витончений
Intensité	Інтенсивність
Muscles	М'Язи
Musique	Музика
Orchestre	Оркестр
Public	Аудиторія
Répétition	Репетиція
Rythme	Ритм
Solo	Соло
Style	Стиль
Technique	Техніка

Barbecues
Барбекю

Chaud	Гаряче
Couteaux	Ножі
Déjeuner	Обід
Dîner	Вечеря
Enfants	Діти
Été	Літо
Faim	Голод
Famille	Родина
Fruit	Фрукт
Gril	Гриль
Jeux	Ігри
Légumes	Овочі
Musique	Музика
Oignons	Цибуля
Poivre	Перець
Poulet	Курка
Salades	Салати
Sauce	Соус
Sel	Сіль
Tomates	Помідори

Bateaux
Катери

Ancre	Якір
Bouée	Буй
Canoë	Каное
Corde	Мотузка
Équipage	Екіпаж
Ferry	Пором
Fleuve	Річка
Kayak	Каяк
Lac	Озеро
Marée	Приплив
Marin	Моряк
Mât	Щогла
Mer	Море
Moteur	Двигун
Nautique	Морські
Océan	Океан
Radeau	Пліт
Vagues	Хвилі
Voilier	Вітрильник
Yacht	Яхта

Bâtiments
Будинки

Ambassade	Посольство
Appartement	Квартира
Cabine	Кабіна
Château	Замок
Cinéma	Кіно
École	Школа
Garage	Гараж
Grange	Сарай
Hôpital	Лікарня
Hôtel	Готель
Laboratoire	Лабораторія
Musée	Музей
Observatoire	Обсерваторія
Stade	Стадіон
Supermarché	Супермаркет
Tente	Намет
Théâtre	Театр
Tour	Вежа
Université	Університет
Usine	Фабрика

Beauté
Краса

Boucles	Кучер
Charme	Шарм
Ciseaux	Ножиці
Cosmétique	Косметика
Couleur	Колір
Élégance	Елегантність
Élégant	Елегантний
Grâce	Благодать
Huiles	Масла
Lisse	Гладкий
Maquillage	Макіяж
Mascara	Туш
Miroir	Дзеркало
Parfum	Аромат
Peau	Шкіра
Photogénique	Фотогенічний
Rouge à Lèvres	Помада
Services	Послуги
Shampooing	Шампунь
Styliste	Стиліст

Biologie
Біології

Anatomie	Анатомія
Bactéries	Бактерії
Cellule	Комірка
Chromosome	Хромосома
Collagène	Колаген
Embryon	Ембріон
Enzyme	Фермент
Évolution	Еволюція
Hormone	Гормон
Mammifère	Ссавець
Mutation	Мутація
Naturel	Природний
Nerf	Нерв
Neurone	Нейрон
Osmose	Осмос
Photosynthèse	Фотосинтез
Protéine	Білок
Reptile	Рептилія
Symbiose	Симбіоз
Synapse	Синапс

Camping
Кемпінг

Animaux	Тварин
Aventure	Пригода
Boussole	Компас
Cabine	Кабіна
Canoë	Каное
Carte	Карта
Chapeau	Капелюх
Chasse	Полювання
Corde	Мотузка
Équipement	Обладнання
Feu	Вогонь
Forêt	Ліс
Hamac	Гамак
Insecte	Комаха
Lac	Озеро
Lanterne	Ліхтар
Lune	Місяць
Montagne	Гора
Nature	Природа
Tente	Намет

Chimie
Хімія

Acide	Кислота
Alcalin	Лужний
Atomique	Атомний
Carbone	Вуглець
Catalyseur	Каталізатор
Chaleur	Тепло
Chlore	Хлор
Enzyme	Фермент
Électron	Електрон
Gaz	Газ
Hydrogène	Водень
Ion	Іон
Liquide	Рідина
Métaux	Метали
Molécule	Молекула
Nucléaire	Ядерний
Oxygène	Кисень
Poids	Вага
Sel	Сіль
Température	Температура

Chocolat
Шоколад

Amer	Гіркий
Antioxydant	Антиоксидант
Bonbon	Цукерки
Cacahuètes	Арахіс
Cacao	Какао
Calories	Калорій
Caramel	Карамель
Délicieux	Смачний
Doux	Солодкий
Exotique	Екзотичні
Favori	Улюблений
Goût	Смак
Ingrédient	Інгредієнт
Noix de Coco	Кокос
Poudre	Порошок
Qualité	Якість
Recette	Рецепт
Saveur	Аромат
Sucre	Цукор

Conduite
Водіння

Accident	Аварія
Camion	Вантажівка
Carburant	Паливо
Carte	Карта
Danger	Небезпека
Freins	Гальма
Garage	Гараж
Gaz	Газ
Licence	Ліцензія
Moteur	Мотор
Moto	Мотоцикл
Piéton	Пішохід
Police	Поліція
Route	Дорога
Sécurité	Безпека
Trafic	Трафік
Transport	Транспорт
Tunnel	Тунель
Vitesse	Швидкість
Voiture	Автомобіль

Corps Humain
Людське Тіло

Bouche	Рот
Cerveau	Мозок
Cheville	Щиколотки
Cou	Шия
Coude	Лікоть
Cœur	Серце
Doigt	Палець
Estomac	Шлунок
Épaule	Плече
Genou	Коліна
Lèvres	Губи
Main	Рука
Mâchoire	Щелепа
Menton	Підборіддя
Nez	Ніс
Oreille	Вухо
Peau	Шкіра
Sang	Кров
Tête	Голова
Visage	Обличчя

Créativité
Творчість

Artistique	Художній
Authenticité	Автентичність
Clarté	Ясність
Compétence	Навичка
Dramatique	Драматичні
Expression	Вираз
Émotions	Емоції
Fluidité	Плинність
Idées	Ідеї
Image	Зображення
Imagination	Уява
Impression	Враження
Inspiration	Натхнення
Intensité	Інтенсивність
Intuition	Інтуїція
Sensation	Відчуття
Sentiments	Почуття
Spontané	Спонтанний
Visions	Бачення

Cuisine
Кухня

Baguettes	Паличками
Bol	Чаша
Bouilloire	Чайник
Congélateur	Морозильник
Couteaux	Ножі
Cruche	Глечик
Cuillères	Ложки
Épices	Спеції
Éponge	Губка
Four	Піч
Fourchettes	Вилки
Gril	Гриль
Nourriture	Їжа
Pot	Глек
Recette	Рецепт
Réfrigérateur	Холодильник
Serviette	Серветка
Tablier	Фартух
Tasses	Чашки

Danse
Танець

Académie	Академія
Art	Мистецтво
Chorégraphie	Хореографія
Classique	Класичний
Corps	Тіло
Culture	Культура
Culturel	Культурний
Expressif	Виразний
Émotion	Емоція
Grâce	Благодать
Joyeux	Радісний
Mouvement	Рух
Musique	Музика
Partenaire	Партнер
Posture	Постава
Répétition	Репетиція
Rythme	Ритм
Traditionnel	Традиційний
Visuel	Візуальний

Diplomatie
Дипломатія

Ambassade	Посольство
Ambassadeur	Посол
Campagnes	Кампанії
Citoyens	Громадяни
Communauté	Громада
Conflit	Конфлікт
Conseiller	Радник
Coopération	Співпраця
Diplomatique	Дипломатичний
Discussion	Обговорення
Éthique	Етика
Étranger	Іноземний
Gouvernement	Уряд
Humanitaire	Гуманітарний
Intégrité	Цілісність
Politique	Політика
Résolution	Резолюція
Sécurité	Безпека
Solution	Рішення
Traité	Договір

Disciplines Scientifiques
Наукові Дисципліни

Anatomie	Анатомія
Archéologie	Археологія
Astronomie	Астрономія
Biochimie	Біохімія
Biologie	Біологія
Botanique	Ботаніка
Chimie	Хімія
Écologie	Екологія
Géologie	Геологія
Immunologie	Імунологія
Linguistique	Лінгвістика
Mécanique	Механіка
Météorologie	Метеорологія
Minéralogie	Мінералогія
Neurologie	Неврологія
Physiologie	Фізіологія
Psychologie	Психологія
Sociologie	Соціологія
Thermodynamique	Термодинаміка
Zoologie	Зоологія

Entreprise
Бізнес

Argent	Гроші
Boutique	Магазин
Budget	Бюджет
Bureau	Офіс
Carrière	Кар'Єр
Coût	Вартість
Devise	Валюта
Employeur	Роботодавець
Employé	Працівник
Entreprise	Компанія
Économie	Економіка
Finance	Фінанси
Impôts	Податки
Investissement	Інвестиції
Marchandise	Товар
Profit	Прибуток
Revenu	Дохід
Transaction	Транзакція
Usine	Фабрика
Vente	Продаж

Électricité
Електрика

Aimant	Магніт
Batterie	Батарея
Câble	Кабель
Électricien	Електрик
Électrique	Електричний
Équipement	Обладнання
Fils	Дроти
Générateur	Генератор
Lampe	Лампа
Laser	Лазер
Négatif	Негативний
Objets	Об'Єкт
Positif	Позитивний
Prise	Розетка
Quantité	Кількість
Réseau	Мережа
Stockage	Зберігання
Téléphone	Телефон
Télévision	Телебачення

Énergie
Енергія

Batterie	Батарея
Carbone	Вуглець
Carburant	Паливо
Chaleur	Тепло
Diesel	Дизель
Entropie	Ентропія
Environnement	Середовище
Essence	Бензин
Électrique	Електричний
Électron	Електрон
Hydrogène	Водень
Industrie	Промисловості
Moteur	Двигун
Nucléaire	Ядерний
Photon	Фотон
Pollution	Забруднення
Renouvelable	Поновлюваних
Soleil	Сонце
Turbine	Турбіна
Vent	Вітер

Épices
Спеції

Aigre	Кислий
Ail	Часник
Amer	Гіркий
Anis	Аніс
Cannelle	Кориця
Cardamome	Кардамон
Coriandre	Коріандр
Cumin	Кмин
Curcuma	Куркума
Curry	Каррі
Fenouil	Фенхель
Gingembre	Імбир
Oignon	Цибуля
Paprika	Паприка
Poivre	Перець
Réglisse	Солодка
Safran	Шафран
Saveur	Аромат
Sel	Сіль
Vanille	Ванілі

Famille
Сімейний

Ancêtre	Предок
Cousin	Кузен
Enfance	Дитинство
Enfant	Дитина
Enfants	Діти
Femme	Дружина
Fille	Дочка
Frère	Брат
Grand-Mère	Бабуся
Grand-Père	Дід
Mari	Чоловік
Maternel	Материнський
Mère	Мати
Neveu	Племінник
Nièce	Племінниця
Oncle	Дядько
Paternel	Батьківський
Père	Батько
Soeur	Сестра
Tante	Тітка

Ferme #1
Ферма #1

Abeille	Бджола
Âne	Осел
Bison	Зубр
Champ	Поле
Chat	Кішка
Cheval	Кінь
Chèvre	Коза
Chien	Пес
Clôture	Паркан
Cochon	Свиня
Corbeau	Ворона
Eau	Вода
Engrais	Добриво
Foin	Сіно
Miel	Мед
Poulet	Курка
Riz	Рис
Troupeau	Зграя
Vache	Корова
Veau	Теля

Ferme #2
Ферма #2

Agneau	Ягня
Agriculteur	Фермер
Animaux	Тварин
Berger	Пастух
Blé	Пшениця
Canard	Качка
Fruit	Фрукт
Grange	Сарай
Irrigation	Зрошення
Lait	Молоко
Lama	Лама
Légume	Овоч
Maïs	Кукурудза
Mouton	Вівця
Nourriture	Їжа
Orge	Ячмінь
Pré	Луг
Ruche	Вулик
Tracteur	Трактор
Verger	Фруктовий Сад

Fleurs
Квіти

Bouquet	Букет
Gardénia	Гарденія
Hibiscus	Гібіскус
Jasmin	Жасмин
Lavande	Лаванда
Lilas	Бузок
Lys	Лілія
Magnolia	Магнолія
Marguerite	Ромашка
Orchidée	Орхідея
Pavot	Мак
Pétale	Пелюстка
Pissenlit	Кульбаба
Pivoine	Півонія
Plumeria	Плюмерія
Rose	Троянда
Tournesol	Соняшник
Trèfle	Конюшина
Tulipe	Тюльпан

Force et Gravité
Сила і Гравітація

Axe	Вісь
Centre	Центр
Découverte	Відкриття
Distance	Відстань
Dynamique	Динамічний
Expansion	Розширення
Friction	Тертя
Impact	Вплив
Magnétisme	Магнетизм
Mécanique	Механіка
Mouvement	Рух
Orbite	Орбіта
Physique	Фізика
Planètes	Планет
Poids	Вага
Pression	Тиск
Propriétés	Властивості
Temps	Час
Universel	Універсальний
Vitesse	Швидкість

Forêt Tropicale
Тропічний Ліс

Amphibiens	Амфібії
Botanique	Ботанічний
Climat	Клімат
Communauté	Громада
Espèce	Вид
Indigène	Корінні
Insectes	Комах
Jungle	Джунглі
Mammifères	Ссавці
Mousse	Мох
Nature	Природа
Nuage	Хмари
Oiseaux	Птах
Précieux	Цінний
Préservation	Збереження
Refuge	Притулок
Respect	Повага
Restauration	Реставрація
Survie	Виживання

Formes
Форми

Arc	Дуга
Carré	Площа
Cercle	Коло
Coin	Кут
Courbe	Крива
Cône	Конус
Côté	Бік
Cube	Куб
Cylindre	Циліндр
Ellipse	Еліпс
Hyperbole	Гіпербола
Ligne	Лінія
Ovale	Овальний
Polygone	Багатокутник
Prisme	Призма
Pyramide	Піраміда
Rectangle	Прямокутник
Rond	Круглий
Sphère	Сфера
Triangle	Трикутник

Fournitures d'Art
Художні Товари

Acrylique	Акриловий
Aquarelles	Акварелі
Argile	Глина
Brosses	Щітка
Caméra	Камера
Chaise	Крісло
Chevalet	Мольберт
Colle	Клей
Couleurs	Кольори
Crayons	Олівці
Créativité	Творчість
Eau	Вода
Encre	Чорнило
Gomme	Гумка
Huile	Олія
Idées	Ідеї
Papier	Папір
Pastels	Пастелі
Peinture	Фарби
Table	Таблиця

Fruit
Фрукти

Abricot	Абрикос
Ananas	Ананас
Avocat	Авокадо
Baie	Ягода
Banane	Банан
Cerise	Вишня
Citron	Лимон
Figue	Фіг
Framboise	Малина
Goyave	Гуава
Kiwi	Ківі
Mangue	Манго
Melon	Диня
Nectarine	Нектарин
Orange	Оранжевий
Papaye	Папайя
Pêche	Персик
Poire	Груша
Pomme	Яблуко
Raisin	Виноград

Géographie
Географія

Altitude	Висота
Atlas	Атлас
Carte	Карта
Continent	Континент
Fleuve	Річка
Hémisphère	Півкуля
Île	Острів
Latitude	Широта
Mer	Море
Méridien	Меридіан
Monde	Світ
Montagne	Гора
Nord	Північ
Océan	Океан
Ouest	Захід
Pays	Країна
Région	Регіон
Sud	Південь
Territoire	Територія
Ville	Місто

Géologie
Геологія

Acide	Кислота
Calcium	Кальцій
Caverne	Печера
Continent	Континент
Corail	Кораловий
Couche	Шар
Cristaux	Кристали
Érosion	Ерозія
Fossile	Викопний
Geyser	Гейзер
Lave	Лава
Minéraux	Мінерали
Pierre	Камінь
Plateau	Плато
Quartz	Кварц
Sel	Сіль
Stalactite	Сталактит
Stalagmites	Сталагміти
Volcan	Вулкан
Zone	Зона

Géométrie
Геометрія

Angle	Кут
Calcul	Розрахунок
Cercle	Коло
Courbe	Крива
Diamètre	Діаметр
Dimension	Вимір
Équation	Рівняння
Hauteur	Висота
Logique	Логіка
Masse	Маса
Médian	Медіана
Nombre	Число
Parallèle	Паралельний
Proportion	Пропорція
Segment	Сегмент
Surface	Поверхня
Symétrie	Симетрія
Théorie	Теорія
Triangle	Трикутник
Vertical	Вертикальні

Gouvernement
Уряду

Citoyenneté	Громадянство
Civil	Цивільний
Constitution	Конституція
Démocratie	Демократія
Discours	Мовлення
Discussion	Обговорення
District	Район
Droits	Права
Égalité	Рівність
État	Стан
Indépendance	Незалежність
Judiciaire	Судової
Liberté	Свобода
Loi	Закон
Monument	Пам'Ятник
Nation	Нація
National	Національний
Paisible	Мирно
Politique	Політика
Symbole	Символ

Herboristerie
Травотравизм

Ail	Часник
Aromatique	Ароматичний
Basilic	Василь
Bénéfique	Вигідний
Culinaire	Кулінарні
Estragon	Естрагон
Fenouil	Фенхель
Fleur	Квітка
Ingrédient	Інгредієнт
Jardin	Сад
Lavande	Лаванда
Marjolaine	Майоран
Menthe	М'Ята
Persil	Петрушка
Qualité	Якість
Romarin	Розмарин
Safran	Шафран
Saveur	Аромат
Thym	Чебрець
Vert	Зелений

Immigration
Імміграції

Administration	Адміністрація
Adultes	Дорослі
Aide	Допомога
Approbation	Затвердження
Communication	Зв'Язки
Date Limite	Термін
Documents	Документи
Enfants	Діти
Financement	Фінансування
Langue	Мова
Logement	Житло
Loi	Закон
Négociation	Переговори
Officier	Офіцер
Processus	Процес
Protection	Захист
Situation	Ситуація
Solution	Рішення
Stress	Стрес

Ingénierie
Інженерія

Angle	Кут
Axe	Вісь
Calcul	Розрахунок
Construction	Будівництво
Diagramme	Діаграма
Diamètre	Діаметр
Diesel	Дизель
Distribution	Розподіл
Engrenages	Шестерня
Énergie	Енергія
Force	Сила
Liquide	Рідина
Machine	Машина
Mesure	Вимірювання
Moteur	Двигун
Profondeur	Глибина
Propulsion	Рушій
Rotation	Обертання
Stabilité	Стабільність
Structure	Структура

Insectes
Комахи

Abeille	Бджола
Cafard	Тарган
Cigale	Цикада
Coccinelle	Сонечко
Criquet	Сарана
Fourmi	Мураха
Frelon	Шершень
Guêpe	Оса
Larve	Личинка
Libellule	Бабка
Mante	Богомол
Moucheron	Гнат
Moustique	Комар
Papillon	Метелик
Puce	Блоха
Puceron	Попелиця
Sauterelle	Коник
Scarabée	Жук
Termite	Терміт
Ver	Хробак

Instruments de Musique
Музичні Інструменти

Banjo	Банджо
Basson	Фагот
Clarinette	Кларнет
Flûte	Флейта
Gong	Гонг
Guitare	Гітара
Harmonica	Гармоніка
Harpe	Арфа
Hautbois	Гобой
Mandoline	Мандоліна
Percussion	Удар
Piano	Фортепіано
Pilons	Гомілки
Saxophone	Саксофон
Tambour	Барабан
Tambourin	Бубон
Trombone	Тромбон
Trompette	Труба
Violon	Скрипка
Violoncelle	Віолончель

Jardin
Сад

Arbre	Дерево
Banc	Лава
Buisson	Кущ
Clôture	Паркан
Étang	Ставок
Fleur	Квітка
Garage	Гараж
Hamac	Гамак
Herbe	Трава
Jardin	Сад
Mauvaises Herbes	Бур'Янів
Pelle	Лопата
Pelouse	Газон
Râteau	Граблі
Sol	Ґрунт
Terrasse	Тераса
Trampoline	Батут
Tuyau	Шланг
Verger	Фруктовий Сад
Vigne	Лоза

Jardinage
Садівництво

Botanique	Ботанічний
Bouquet	Букет
Climat	Клімат
Comestible	Їстівний
Compost	Компост
Eau	Вода
Espèce	Вид
Exotique	Екзотичні
Feuillage	Листя
Feuille	Лист
Fleur	Цвіт
Floral	Квіткові
Graines	Насіння
Humidité	Вологі
Récipient	Контейнер
Saisonnier	Сезонний
Saleté	Бруд
Sol	Ґрунт
Tuyau	Шланг
Verger	Фруктовий Сад

Jazz
Джаз

Album	Альбом
Artiste	Художник
Célèbre	Відомий
Chanson	Пісня
Compositeur	Композитор
Composition	Склад
Concert	Концерт
Favoris	Обраний
Genre	Жанр
Improvisation	Імпровізація
Musique	Музика
Nouveau	Новий
Orchestre	Оркестр
Rythme	Ритм
Solo	Соло
Style	Стиль
Talent	Талант
Tambours	Барабани
Technique	Техніка
Vieux	Старий

Jours et Mois
Дні та Місяці

Août	Серпень
Avril	Квітень
Calendrier	Календар
Dimanche	Неділя
Février	Лютий
Janvier	Січень
Jeudi	Четвер
Juillet	Липень
Juin	Червень
Lundi	Понеділок
Mardi	Вівторок
Mars	Березень
Mercredi	Середа
Mois	Місяць
Novembre	Листопад
Octobre	Жовтень
Samedi	Субота
Semaine	Тиждень
Septembre	Вересень
Vendredi	П'Ятниця

L'Entreprise
Компанія

Affaires	Бізнес
Créatif	Творчий
Décision	Рішення
Emploi	Зайнятість
Global	Глобальний
Industrie	Промисловості
Innovant	Інноваційний
Investissement	Інвестиції
Possibilité	Можливість
Présentation	Презентація
Produit	Продукт
Professionnel	Професійний
Progrès	Прогрес
Qualité	Якість
Ressources	Ресурси
Revenu	Дохід
Réputation	Репутація
Risques	Ризики
Tendances	Тенденції
Unités	Одиниць

Les Abeilles
Бджола

Ailes	Крила
Bénéfique	Вигідний
Cire	Віск
Essaim	Рій
Écosystème	Екосистема
Fleur	Цвіт
Fleurs	Квіти
Fruit	Фрукт
Fumée	Дим
Insecte	Комаха
Jardin	Сад
Miel	Мед
Nourriture	Їжа
Plantes	Рослини
Pollen	Пилок
Pollinisateur	Запильник
Reine	Королева
Ruche	Вулик
Soleil	Сонце

Légumes
Овочі

Ail	Часник
Artichaut	Артишок
Aubergine	Баклажан
Brocoli	Броколі
Carotte	Морква
Céleri	Селера
Champignon	Гриб
Citrouille	Гарбуз
Concombre	Огірок
Échalote	Шалот
Épinard	Шпинат
Gingembre	Імбир
Navet	Ріпа
Oignon	Цибуля
Olive	Оливка
Persil	Петрушка
Pois	Горох
Radis	Редис
Salade	Салат
Tomate	Помідор

Littérature
Література

Analogie	Аналогія
Analyse	Аналіз
Anecdote	Анекдот
Auteur	Автор
Biographie	Біографія
Comparaison	Порівняння
Conclusion	Висновок
Description	Опис
Dialogue	Діалог
Fiction	Вигадка
Métaphore	Метафора
Narrateur	Оповідач
Poème	Вірш
Poétique	Поетичний
Rime	Рима
Roman	Роман
Rythme	Ритм
Style	Стиль
Thème	Тема
Tragédie	Трагедія

Livres
Книги

Auteur	Автор
Aventure	Пригода
Collection	Колекція
Contexte	Контекст
Dualité	Подвійність
Écrit	Написана
Épique	Епопеї
Histoire	Історія
Historique	Історичний
Humoristique	Гумористичний
Lecteur	Читач
Littéraire	Літературний
Narrateur	Оповідач
Page	Сторінка
Pertinent	Відповідні
Poème	Вірш
Poésie	Поезія
Roman	Роман
Série	Серія
Tragique	Трагічний

Maison
Будинок

Balai	Мітла
Bibliothèque	Бібліотека
Chambre	Кімната
Cheminée	Камін
Clés	Ключі
Clôture	Паркан
Cuisine	Кухня
Douche	Душ
Fenêtre	Вікно
Garage	Гараж
Grenier	Горище
Jardin	Сад
Lampe	Лампа
Miroir	Дзеркало
Mur	Стіна
Plafond	Стеля
Porte	Двері
Rideaux	Штори
Tapis	Килимок
Toit	Дах

Maladie
Захворювання

Abdominal	Черевної
Allergies	Алергія
Bien-Être	Оздоровчий
Chronique	Хронічний
Contagieux	Заразний
Corps	Тіло
Cœur	Серце
Faible	Слабкий
Génétique	Генетичні
Héréditaire	Спадковий
Immunité	Імунітет
Inflammation	Запалення
Lombaire	Поперекового
Neuropathie	Нейропатія
Os	Кістки
Pulmonaire	Легеневий
Respiratoire	Дихальний
Santé	Здоров'Я
Syndrome	Синдром
Thérapie	Терапія

Mammifères
Ссавці

Baleine	Кит
Chat	Кішка
Cheval	Кінь
Chien	Пес
Coyote	Койот
Dauphin	Дельфін
Éléphant	Слон
Girafe	Жираф
Gorille	Горила
Kangourou	Кенгуру
Lapin	Кролик
Lion	Лев
Loup	Вовк
Mouton	Вівця
Ours	Ведмідь
Renard	Лисиця
Singe	Мавпа
Taureau	Бик
Tigre	Тигр
Zèbre	Зебра

Mathématiques
Математика

Angles	Кути
Arithmétique	Арифметика
Carré	Площа
Circonférence	Округ
Décimal	Десятковий
Diamètre	Діаметр
Exposant	Показник
Équation	Рівняння
Géométrie	Геометрія
Parallèle	Паралельний
Parallélogramme	Паралелограм
Périmètre	Периметр
Polygone	Багатокутник
Rayon	Радіус
Rectangle	Прямокутник
Somme	Сума
Sphère	Сфера
Symétrie	Симетрія
Triangle	Трикутник
Volume	Обсяг

Mesures
Вимірювання

Centimètre	Сантиметр
Degré	Ступінь
Décimal	Десятковий
Gramme	Грам
Hauteur	Висота
Kilogramme	Кілограм
Kilomètre	Кілометр
Largeur	Ширина
Litre	Літр
Longueur	Довжина
Masse	Маса
Mètre	Метр
Minute	Хвилина
Octet	Байт
Once	Унція
Poids	Вага
Pouce	Дюйм
Profondeur	Глибина
Tonne	Тонна
Volume	Обсяг

Méditation
Медитація

Acceptation	Прийняття
Attention	Увага
Calme	Спокійний
Clarté	Ясність
Compassion	Співчуття
Émotions	Емоції
Éveillé	Прокинутися
Gentillesse	Доброта
Gratitude	Подяка
Habitudes	Звички
Mental	Розумовий
Mouvement	Рух
Musique	Музика
Nature	Природа
Observation	Спостереження
Paix	Мир
Perspective	Перспектива
Posture	Постава
Respiration	Дихання
Silence	Тиша

Météo
Погода

Arc-En-Ciel	Веселка
Atmosphère	Атмосфера
Brise	Бриз
Brouillard	Туман
Calme	Спокійний
Ciel	Небо
Climat	Клімат
Glace	Лід
Mousson	Мусон
Nuage	Хмара
Ouragan	Ураган
Polaire	Полярний
Sec	Сухі
Sécheresse	Посуха
Température	Температура
Tempête	Бур
Tonnerre	Грим
Tornade	Торнадо
Tropical	Тропічний
Vent	Вітер

Mode
Мода

Boutique	Бутик
Boutons	Кнопки
Broderie	Вишивка
Cher	Дорого
Confortable	Комфортно
Dentelle	Мереживо
Élégant	Елегантний
Mesures	Вимірювання
Moderne	Сучасний
Modeste	Скромний
Modèle	Візерунок
Original	Оригінал
Pratique	Практичний
Simple	Простий
Style	Стиль
Tendance	Тенденція
Texture	Текстура
Tissu	Тканина
Vêtements	Одяг

Musique

Музика

Album	Альбом
Ballade	Балада
Chanter	Співати
Chanteur	Співак
Classique	Класичний
Enregistrement	Запис
Harmonie	Гармонія
Harmonique	Гармонійних
Instrument	Інструмент
Lyrique	Ліричний
Mélodie	Мелодія
Microphone	Мікрофон
Musical	Музичний
Musicien	Музикант
Opéra	Опера
Poétique	Поетичний
Rythme	Ритм
Rythmique	Ритмічний
Tempo	Темп
Vocal	Вокальний

Mythologie

Міфологія

Archétype	Архетип
Catastrophe	Лихо
Comportement	Поведінка
Création	Створення
Créature	Істота
Croyances	Переконання
Culture	Культура
Éclair	Блискавка
Force	Сила
Guerrier	Воїн
Héros	Герой
Immortalité	Безсмертя
Jalousie	Ревнощі
Labyrinthe	Лабіринт
Légende	Легенда
Magique	Чарівний
Monstre	Монстр
Mortel	Смертний
Tonnerre	Грім
Vengeance	Помста

Nature

Природа

Abeilles	Бджіл
Abri	Притулок
Animaux	Тварин
Arctique	Арктичний
Beauté	Краса
Brouillard	Туман
Désert	Пустеля
Dynamique	Динамічний
Érosion	Ерозія
Feuillage	Листя
Fleuve	Річка
Forêt	Ліс
Glacier	Льодовик
Montagnes	Гори
Nuage	Хмари
Paisible	Мирно
Sanctuaire	Святилище
Sauvage	Дикий
Serein	Безтурботний
Tropical	Тропічний

Nombres

Числа

Cinq	П'Ять
Deux	Два
Décimal	Десятковий
Dix	Десять
Dix-Huit	Вісімнадцять
Dix-Neuf	Дев'Ятнадцять
Dix-Sept	Сімнадцять
Douze	Дванадцять
Huit	Вісім
Neuf	Дев'Ять
Quatorze	Чотирнадцять
Quatre	Чотири
Quinze	П'Ятнадцять
Seize	Шістнадцять
Sept	Сім
Six	Шість
Treize	Тринадцять
Trois	Три
Vingt	Двадцять
Zéro	Нуль

Nourriture #1

Харчування #1

Ail	Часник
Basilic	Василь
Café	Кава
Cannelle	Кориця
Carotte	Морква
Citron	Лимон
Épinard	Шпинат
Fraise	Полуниця
Jus	Сік
Lait	Молоко
Navet	Ріпа
Oignon	Цибуля
Orge	Ячмінь
Poire	Груша
Salade	Салат
Sel	Сіль
Soupe	Суп
Sucre	Цукор
Thon	Тунець
Viande	М'Ясо

Nourriture #2

Харчування #2

Amande	Мигдаль
Aubergine	Баклажан
Banane	Банан
Blé	Пшениця
Brocoli	Броколі
Cerise	Вишня
Céleri	Селера
Champignon	Гриб
Chocolat	Шоколад
Jambon	Шинка
Kiwi	Ківі
Mangue	Манго
Oeuf	Яйце
Pain	Хліб
Poisson	Риба
Pomme	Яблуко
Poulet	Курка
Raisin	Виноград
Riz	Рис
Tomate	Помідор

Nutrition
Харчування

Amer	Гіркий
Appétit	Апетит
Calories	Калорій
Comestible	Їстівний
Diète	Дієта
Digestion	Травлення
Épices	Спеції
Équilibré	Збалансований
Fermentation	Бродіння
Glucides	Вуглеводів
Liquides	Рідини
Poids	Вага
Protéines	Білки
Qualité	Якість
Sain	Здоровий
Santé	Здоров'Я
Sauce	Соус
Saveur	Аромат
Toxine	Токсин
Vitamine	Вітамін

Océan
Океан

Anguille	Вугор
Baleine	Кит
Bateau	Човен
Corail	Кораловий
Crabe	Краб
Crevette	Креветки
Dauphin	Дельфін
Éponge	Губка
Huître	Устриця
Marées	Припливи
Méduse	Медуза
Poisson	Риба
Poulpe	Восьминіг
Requin	Акула
Récif	Риф
Sel	Сіль
Tempête	Буря
Thon	Тунець
Tortue	Черепаха
Vagues	Хвилі

Oiseaux
Птахи

Aigle	Орел
Autruche	Страус
Canard	Качка
Cigogne	Лелека
Colombe	Голуб
Corbeau	Ворона
Coucou	Зозуля
Cygne	Лебідка
Flamant	Фламінго
Héron	Чапля
Manchot	Пінгвін
Moineau	Горобець
Mouette	Чайка
Oeuf	Яйце
Oie	Гуска
Paon	Павич
Perroquet	Папуга
Pélican	Пелікан
Poulet	Курка
Toucan	Тукан

Pays #1
Країни #1

Afghanistan	Афганістан
Allemagne	Німеччина
Argentine	Аргентина
Brésil	Бразилія
Canada	Канада
Espagne	Іспанія
Équateur	Еквадор
Finlande	Фінляндія
Inde	Індія
Israël	Ізраїль
Libye	Лівія
Mali	Малі
Maroc	Марокко
Nicaragua	Нікарагуа
Norvège	Норвегія
Panama	Панама
Philippines	Філіппіни
Pologne	Польща
Roumanie	Румунія
Venezuela	Венесуела

Pays #2
Країни #2

Albanie	Албанія
Chine	Китай
Danemark	Данія
France	Франція
Haïti	Гаїті
Indonésie	Індонезія
Irlande	Ірландія
Jamaïque	Ямайка
Japon	Японія
Kenya	Кенія
Laos	Лаос
Liban	Ліван
Mexique	Мексика
Ouganda	Уганда
Pakistan	Пакистан
Russie	Росія
Somalie	Сомалі
Soudan	Судан
Syrie	Сирія
Ukraine	Україна

Paysages
Пейзажі

Cascade	Водоспад
Colline	Пагорб
Désert	Пустеля
Estuaire	Лиман
Fleuve	Річка
Geyser	Гейзер
Glacier	Льодовик
Grotte	Печера
Iceberg	Айсберг
Île	Острів
Lac	Озеро
Marais	Болото
Mer	Море
Montagne	Гора
Oasis	Оазис
Péninsule	Півострів
Plage	Пляж
Toundra	Тундра
Vallée	Долина
Volcan	Вулкан

Philanthropie
Благодійність

Besoin	Потреба
Buts	Цілі
Charité	Благодійність
Communauté	Громада
Contacts	Контакти
Défis	Проблеми
Enfants	Діти
Finance	Фінанси
Fonds	Кошти
Gens	Люди
Générosité	Щедрість
Global	Глобальний
Groupes	Групи
Histoire	Історія
Honnêteté	Чесність
Humanité	Людство
Jeunesse	Молодь
Mission	Місія
Programmes	Програми
Public	Громадський

Photographie
Фотозйомка

Cadre	Рамка
Caméra	Камера
Composition	Склад
Contraste	Контраст
Couleur	Колір
Définition	Визначення
Exposition	Виставка
Éclairage	Освітлення
Format	Формат
Noir	Чорний
Objet	Об'Єкт
Obscurité	Темрява
Ombre	Тіні
Perspective	Перспектива
Portrait	Портрет
Sujet	Предмет
Texture	Текстура
Visuel	Візуальний
Vue	Вид

Physique
Фізика

Accélération	Прискорення
Atome	Атом
Chaos	Хаос
Chimique	Хімічні
Densité	Щільність
Électron	Електрон
Formule	Формула
Fréquence	Частота
Gaz	Газ
Gravité	Гравітація
Magnétisme	Магнетизм
Masse	Маса
Mécanique	Механіка
Molécule	Молекула
Moteur	Двигун
Nucléaire	Ядерний
Particule	Частинка
Relativité	Відносність
Universel	Універсальний
Vitesse	Швидкість

Plantes
Рослини

Arbre	Дерево
Baie	Ягода
Bambou	Бамбук
Botanique	Ботаніка
Buisson	Кущ
Cactus	Кактус
Engrais	Добриво
Feuillage	Листя
Fleur	Квітка
Flore	Флора
Forêt	Ліс
Grandir	Рости
Haricot	Квасоля
Herbe	Трава
Jardin	Сад
Lierre	Плющ
Mousse	Мох
Pétale	Пелюстка
Racine	Корінь
Végétation	Рослинність

Professions #1
Професії #1

Ambassadeur	Посол
Astronome	Астроном
Avocat	Адвокат
Banquier	Банкір
Bijoutier	Ювелір
Cartographe	Картограф
Chasseur	Мисливець
Danseur	Танцюрист
Entraîneur	Тренер
Éditeur	Редактор
Géologue	Геолог
Infirmière	Медсестра
Médecin	Лікар
Musicien	Музикант
Pianiste	Піаніст
Plombier	Сантехнік
Pompier	Пожежник
Psychologue	Психолог
Scientifique	Вчений
Vétérinaire	Ветеринар

Professions #2
Професії #2

Astronaute	Астронавт
Bibliothécaire	Бібліотекар
Biologiste	Біолог
Chercheur	Дослідник
Chirurgien	Хірург
Dentiste	Стоматолог
Détective	Детектив
Enseignant	Вчитель
Illustrateur	Ілюстратор
Ingénieur	Інженер
Inventeur	Винахідник
Jardinier	Садівник
Journaliste	Журналіст
Linguiste	Лінгвіст
Médecin	Лікар
Peintre	Художник
Philosophe	Філософ
Photographe	Фотограф
Pilote	Пілот
Zoologiste	Зоолог

Psychologie
Психологія

Clinique	Клінічний
Comportement	Поведінка
Conflit	Конфлікт
Ego	Его
Enfance	Дитинство
Expériences	Досвід
Émotions	Емоції
Évaluation	Оцінка
Idées	Ідеї
Inconscient	Несвідомий
Pensées	Думки
Perception	Сприйняття
Personnalité	Особистості
Problème	Проблема
Rendez-Vous	Призначення
Réalité	Реальність
Rêves	Мрії
Sensation	Відчуття
Subconscient	Підсвідомості
Thérapie	Терапія

Randonnée
Походи

Animaux	Тварин
Bottes	Чоботи
Camping	Кемпінг
Carte	Карта
Climat	Клімат
Dangers	Небезпеки
Eau	Вода
Fatigué	Втомився
Lourd	Важкий
Météo	Погода
Montagne	Гора
Nature	Природа
Orientation	Орієнтація
Parcs	Парки
Pierres	Камені
Préparation	Підготовка
Sauvage	Дикий
Soleil	Сонце
Sommet	Саміт

Restaurant #2
Ресторан #2

Boisson	Напій
Chaise	Крісло
Cuillère	Ложка
Déjeuner	Обід
Délicieux	Смачний
Dîner	Вечеря
Eau	Вода
Épices	Спеції
Fourchette	Вилка
Fruit	Фрукт
Gâteau	Торт
Glace	Лід
Légumes	Овочі
Nouilles	Локшина
Oeuf	Яйця
Poisson	Риба
Salade	Салат
Sel	Сіль
Serveur	Офіціант
Soupe	Суп

Réchauffement Climatique
Глобальне Потепління

Arctique	Арктичний
Attention	Увага
Changements	Зміни
Climat	Клімат
Crise	Криза
Développement	Розвиток
Données	Дані
Environnemental	Екологічні
Énergie	Енергія
Futur	Майбутнє
Gaz	Газ
Générations	Покоління
Gouvernement	Уряд
Industrie	Промисловості
International	Міжнародний
Législation	Законодавство
Maintenant	Зараз
Populations	Населення
Scientifique	Вчений
Températures	Температури

Santé et Bien-Être #1
Оздоровчий та Оздоровчий

Actif	Активний
Bactéries	Бактерії
Blessure	Травма
Clinique	Клініка
Faim	Голод
Fracture	Перелом
Habitude	Звичка
Hauteur	Висота
Hormone	Гормони
Médecin	Лікар
Médicament	Медицина
Muscles	М'Язи
Os	Кістки
Peau	Шкіра
Pharmacie	Аптека
Posture	Постава
Réflexe	Рефлекс
Thérapie	Терапія
Traitement	Лікування
Virus	Вірус

Santé et Bien-Être #2
Оздоровчий та Оздоровчий

Allergie	Алергія
Anatomie	Анатомія
Appétit	Апетит
Calorie	Калорія
Corps	Тіло
Déshydratation	Зневоднення
Énergie	Енергія
Génétique	Генетика
Hôpital	Лікарня
Hygiène	Гігієна
Infection	Інфекція
Maladie	Хвороба
Massage	Масаж
Nutrition	Харчування
Poids	Вага
Récupération	Відновлення
Sain	Здоровий
Sang	Кров
Stress	Стрес
Vitamine	Вітамін

Science
Наукова

Atome	Атом
Chimique	Хімічні
Climat	Клімат
Données	Дані
Expérience	Експеримент
Évolution	Еволюція
Fait	Факт
Fossile	Викопний
Gravité	Гравітація
Hypothèse	Гіпотеза
Laboratoire	Лабораторія
Méthode	Метод
Minéraux	Мінерали
Molécules	Молекули
Nature	Природа
Observation	Спостереження
Organisme	Організм
Particules	Частинки
Physique	Фізика
Scientifique	Вчений

Science-Fiction
Наукова Фантастика

Atomique	Атомний
Cinéma	Кіно
Dystopie	Антиутопія
Explosion	Вибух
Fantastique	Фантастичний
Feu	Вогонь
Futuriste	Футуристичний
Galaxie	Галактика
Illusion	Ілюзія
Imaginaire	Уявний
Livres	Книги
Monde	Світ
Mystérieux	Таємничий
Oracle	Оракул
Planète	Планета
Réaliste	Реалістичний
Robots	Роботи
Scénario	Сценарій
Technologie	Технологія
Utopie	Утопія

Sport
Спорт

Athlète	Спортсмен
Capacité	Здатність
Corps	Тіло
Danse	Танці
Diète	Дієта
Endurance	Витривалість
Entraîneur	Тренер
Étirement	Розтягування
Force	Сила
Jogging	Біг
Maximiser	Максимізувати
Métabolique	Метаболічний
Muscles	М'Язи
Nager	Плавати
Nutrition	Харчування
Objectif	Мета
Os	Кістки
Programme	Програма
Santé	Здоров'Я
Sports	Спорт

Temps
Час

Année	Рік
Annuel	Щорічний
Après	Після
Avant	До
Bientôt	Скоро
Calendrier	Календар
Décennie	Десятиліття
Futur	Майбутнє
Heure	Година
Hier	Вчора
Horloge	Годинник
Jour	День
Maintenant	Зараз
Matin	Ранок
Midi	Полудень
Minute	Хвилина
Mois	Місяць
Nuit	Ніч
Semaine	Тиждень
Siècle	Століття

Types de Cheveux
Типи Волосся

Argent	Срібло
Blanc	Білий
Blond	Блондин
Boucles	Кучер
Brillant	Блискучий
Chauve	Лисий
Court	Короткий
Doux	М'Який
Épais	Товстий
Frisé	Кучерявий
Gris	Сірий
Long	Довгий
Marron	Коричневий
Mince	Тонкий
Noir	Чорний
Ondulé	Хвилястий
Sain	Здоровий
Sec	Сухий
Tresses	Коси
Tressé	Плетений

Univers
Всесвіт

Astéroïde	Астероїд
Astronome	Астроном
Astronomie	Астрономія
Atmosphère	Атмосфера
Ciel	Небо
Cosmique	Космічний
Équateur	Екватор
Galaxie	Галактика
Hémisphère	Півкуля
Horizon	Горизонт
Latitude	Широта
Longitude	Довгота
Lune	Місяць
Obscurité	Темрява
Orbite	Орбіта
Solaire	Сонячний
Solstice	Сонцестояння
Télescope	Телескоп
Visible	Видимий
Zodiaque	Зодіак

Vacances #2
Відпустка #2

Aéroport	Аеропорт
Camping	Кемпінг
Carte	Карта
Destination	Призначення
Étranger	Іноземець
Hôtel	Готель
Île	Острів
Loisir	Дозвілля
Mer	Море
Passeport	Паспорт
Plage	Пляж
Restaurant	Ресторан
Réservations	Бронювання
Taxi	Таксі
Tente	Намет
Train	Поїзд
Transport	Транспорт
Vacances	Свято
Visa	Віза
Voyage	Подорож

Véhicules
Автомобілі

Avion	Літак
Bateau	Човен
Bus	Автобус
Camion	Вантажівка
Caravane	Караван
Ferry	Пором
Fusée	Ракета
Hélicoptère	Вертоліт
Métro	Метро
Moteur	Двигун
Navette	Човник
Pneus	Шини
Radeau	Пліт
Scooter	Скутер
Taxi	Таксі
Tracteur	Трактор
Train	Поїзд
Van	Фургон
Vélo	Велосипед
Voiture	Автомобіль

Vêtements
Одяг

Bracelet	Браслет
Ceinture	Пояс
Chapeau	Капелюх
Chaussure	Взуття
Chemise	Сорочка
Chemisier	Блузка
Collier	Намисто
Foulard	Шарф
Gants	Рукавички
Jeans	Джинси
Jupe	Спідниця
Manteau	Пальто
Mode	Мода
Pantalon	Штани
Pull	Светр
Pyjama	Піжама
Robe	Плаття
Sandales	Сандалі
Tablier	Фартух
Veste	Куртка

Ville
Місто

Aéroport	Аеропорт
Banque	Банк
Bibliothèque	Бібліотека
Boulangerie	Пекарня
Cinéma	Кіно
Clinique	Клініка
École	Школа
Fleuriste	Флорист
Galerie	Галерея
Hôtel	Готель
Marché	Ринок
Musée	Музей
Pharmacie	Аптека
Restaurant	Ресторан
Salon	Салон
Stade	Стадіон
Supermarché	Супермаркет
Théâtre	Театр
Université	Університет
Zoo	Зоопарк

Félicitations

Vous avez réussi !

Nous espérons que vous avez apprécié ce livre autant que nous avons pris plaisir à le concevoir. Nous faisons de notre mieux pour créer des livres de la meilleure qualité possible.
Cette édition est conçue pour permettre un apprentissage intelligent et de qualité en se divertissant !

Vous avez aimé ce livre ?

Une Simple Demande

Nos livres existent grâce aux avis que vous publiez. Pourriez-vous nous aider en laissant un avis maintenant ?

Voici un lien rapide qui vous mènera à votre page d'évaluation de vos commandes :

BestBooksActivity.com/Avis50

CHALLENGE FINAL !

Défi n°1

Êtes-vous prêt pour votre jeu bonus ? Nous les utilisons tout le temps mais ils ne sont pas si faciles à trouver. Voici les **Synonymes** !

Notez 5 mots que vous avez trouvés dans les puzzles notés ci-dessous (n°21, n°36, n°76) et essayez de trouver 2 synonymes pour chaque mot.

*Notez 5 Mots du **Puzzle 21***

Mots	Synonyme 1	Synonyme 2

*Notez 5 Mots du **Puzzle 36***

Mots	Synonyme 1	Synonyme 2

*Notez 5 Mots du **Puzzle 76***

Mots	Synonyme 1	Synonyme 2

Défi n°2

Maintenant que vous vous êtes échauffé, notez 5 mots que vous avez découverts dans les Puzzles n° 9, n° 17, n° 25 et essayez de trouver 2 antonymes pour chaque mot. Combien pouvez-vous en trouver en 20 minutes ?

Notez 5 Mots du ***Puzzle 9***

Mots	Antonyme 1	Antonyme 2

Notez 5 Mots du ***Puzzle 17***

Mots	Antonyme 1	Antonyme 2

Notez 5 Mots du ***Puzzle 25***

Mots	Antonyme 1	Antonyme 2

Défi n°3

Formidable ! Ce défi final  n'est rien pour vous.

Prêt pour le dernier défi ? Choisissez 10 mots que vous avez découverts parmi les différents puzzles et notez-les ci-dessous.

1.	6.
2.	7.
3.	8.
4.	9.
5.	10.

Maintenant, composez un texte en pensant à une personne, un animal ou un lieu que vous aimez !

Astuce: Vous pouvez utiliser la dernière page de ce livre comme brouillon !

Votre Composition :

CARNET DE NOTES :

À TRÈS BIENTÔT !

Toute l'équipe

www.ingramcontent.com/pod-product-compliance
Lightning Source LLC
Chambersburg PA
CBHW082202120626
46553CB00010B/2976